열혈 연합 전도왕

KB192429

열혈 연합 전도왕

지은이 | 최병호
초판 발행 | 2025. 2. 19
등록번호 | 제1988-000080호
등록된 곳 | 서울특별시 용산구 서빙고로65길 38
발행처 | 사단법인 두란노서원
영업부 | 2078-3333   FAX | 080-749-3705
출판부 | 2078-3331

책 값은 뒤표지에 있습니다.
ISBN 978-89-531-5032-4 03230

독자의 의견을 기다립니다.
tpress@duranno.com   http://www.duranno.com

ⓒ 이 출판물은 저작권법에 의해 보호를 받는 저작물이므로
무단 전재와 무단 복제, 무단 사용을 할 수 없습니다.

두란노서원은 바울 사도가 3차 전도여행 때 에베소에서 성령 받은 제자들을 따로 세워 하나님의 말씀으로 양육하던 장소입니다. 사도행전 19장 8-20절의 정신에 따라 첫째 목회자를 돕는 사역과 평신도를 훈련시키는 사역, 둘째 세계선교(TIM)와 문서선교(단행본·잡지) 사역, 셋째 예수문화 및 경배와 찬양 사역, 그리고 가정·상담 사역 등을 감당하고 있습니다. 1980년 12월 22일에 창립된 두란노서원은 주님 오실 때까지 이 사역들을 계속할 것입니다.

혼자 하면 따발총, 뭉치면 핵폭탄

열혈 연합 전도왕

최병호 지음

두란노

CONTENTS

2 PART

내 꿈은 하나님께 이쁨받는 전도자

미쳐야 미치는 전도의 법칙

저자의 삶과 사역을 지켜보면 '하나님 손에 붙들린 사람'이라는 생각이 듭니다. 저자는 독실한 불교 가정에서 태어나 한때 불교 학생회장을 맡았으나, 예수님을 만나 회심한 후 지금은 어린아이같이 순수한 신앙으로 하나님 나라 확장에 앞장서고 있습니다. 국민일보 기사를 통해 알려진, 어려움에 처한 농어촌 교회에 손을 내밀어 도움을 전하는가 하면, 눈물과 진심으로 한 사람 한 사람의 영혼 구원에 힘씁니다. 기독교에 대해 잘 알지 못하는 초신자부터 교회에 상처받고 떠난 이들까지, 저자를 만나면 거짓말 같은 일들이 일어납니다. 이는 하나님이 저자를 통해 역사하신다는 증거입니다. 닿는 곳마다 꿈과 희망, 복음을 전하는 저자의 이야기를 이 책을 통해 만나 보기 바랍니다.

김경호 | 국민일보 사장

최병호 형제와의 만남은 저에게는 소중하고 귀한 시간들이었습니다. 하나님을 향한 그의 뜨거운 사랑, 어린아이와 같은 순수한 신앙, 말씀을 진실하게 실천하는 모습은 저에게 큰 도전이 됐습니다. 믿지 않는 영혼을 긍휼히 여기는 마음, 전도에 대한 열정과 그에 따른 많은 열매를 보면서 저의 부족함을 다시금 생각하는 계기가 되기도 했습니다. 말씀을 전하는 가운데 나타나는 성령의 역사하심과 그 속에서 기뻐하는 최병호 형제의 모습을 바라보면서, 하나님께 감사하고 있습니다. 기도로 교통하는 사이가 되어 감사하던 차에, 최병호 형제가 이렇게 책을 출간하게 되어 축하를 전합니다. 이 책이 하나님이 기뻐하시고 많은 사람에게 선한 영향력을 미치길 기대합니다. 앞으로도 최병호 형제가 주님과 동행하는 삶을 살며 하나님께 영광 돌리기를 기도합니다.

안창호 | 장로, 국가 인권위원장

이 책을 일독한 순간, 한 편의 드라마를 읽는 듯한 감동과 도전을 받았습니다. 사람들에게 복음의 기쁜 소식을 전하기 위해 열정적으로 달려온 저자의 삶과 사역은 그야말로 예수님을 따르는 제자의 길이 무엇인지 보여 주는 생생한 증거입니다. 이 책은 단순히 전도의 중요성을 전하는 것에서 그치지 않고, 하나님의 은혜와 성령의 도우심으로 연합할 때 어떻게 더 큰 능력이 나타나는지 구체적인 경험과 사례를 통해 독자들에게 깊은 감동을 전합니다.
저자는 자신을 '참치와 같은 존재'로 비유합니다. 참치가 움직이지 않으면 숨을 쉴 수 없듯이, 복음을 위해 끊임없이 움직이며 하나님

　열혈 연합 전도왕

이 주신 사명을 다하기 위해 헌신하는 삶을 살기를 다짐합니다. 그리고 그 다짐대로, 저자는 오늘도 성령님의 인도하심에 따라 한 걸음 한 걸음 나아가고 있습니다.

이 책을 읽는 분마다 하나님 앞에서 참된 전도자가 되어 주의 인도하심을 따르게 되기를 소망합니다. 단지 복음을 전하는 데 그치지 않고, 전도 대상자를 위해 기도하고 사랑하며, 그들의 영적 성장까지 책임지겠다는 저자의 다짐은 이 책을 읽는 모든 이에게 큰 울림을 줄 것입니다. 저자의 열정과 헌신이 담긴 이 책이 많은 사람에게 전도의 중요성을 깨닫게 하고, 예수님의 사랑을 전하는 일에 용기를 불어넣는 큰 은혜의 통로가 되기를 진심으로 바랍니다.

오두환 | 오케팅홀딩스 대표, 국제 혁신영재사관학교 이사장

최병호 형제는 전도의 새로운 지평을 열고 있는 듯합니다. 이 책을 읽는 내내 저는 '전도를 이렇게도 할 수 있구나'라는 생각으로 놀라고 감동했습니다. 스포츠, 봉사, 여행, 일손 돕기 등 일상 속에서 전도 대상자의 필요를 채워 주며 누구나 매일의 삶 속에서 쉽게 전도할 수 있다는 것을 실제 사례로 보여 줍니다.

이 책은 복음이 그저 교회 안에만 갇혀 있는 것이 아니라, 우리의 삶 전체를 통해 자연스럽게 흘러나올 수 있는 것임을 생생하게 보여 줍니다. 그와 함께하는 전도 연합팀의 활동들은 우리가 어떻게 하나님을 증거하고, 그분의 사랑을 이 세상에 나눌 수 있는지를 실제적이고 구체적으로 알려 줍니다. 그 활동들은 거창하거나 멀리 있지 않습니다. 저는 이 책을 읽으면서 스스로에게 조용히 질문을 던졌습니다. '나는 과연 내 삶 속에서 전도의 부르심에 이렇게 기쁨으로 응답하고 있는가?' 이 책은 그 질문에 대한 답과 즐거운 실천 방법을 잠잠히 제게 알려 주었습니다. 최병호 형제와 전도 연합팀을 축복하며 이 책의 일독을 추천합니다.

오지헌 | 개그맨

할렐루야! 제가 평생 살아오면서 수많은 신자를 보았지만 최병호 형제를 만난 순간 제게 말할 수 없는 영의 기쁨이 솟아오름을 느꼈습니다. 아주 순수한 신앙과 뜨거운 전도 열정을 보며 성령께서 강하게 역사하심을 보았습니다. 정말 귀하고 자랑스러운 형제입니다. 《열혈청년 전도왕》의 저자로서 제가 진행하던 '편편한 북카페'라는 TV 간증 프로에 최병호 형제가 출연하면서 인연을 맺게 되었습니다. 그때부터 교제하며 서로 기도하는 사이가 되어 행복했는데, 이렇게 또 책을 출간하게 되어 더욱 기쁘고 흐뭇합니다. 하나님이 기쁘게 받으시리라 믿고 감사드리며 이 책을 추천합니다.

이홍렬 | 개그맨

저는 하나님이 최병호 형제를 존귀한 작품으로 빚어 오신 26년 세월을 지켜 보았습니다. 하나님께 감사와 영광을 돌려 드립니다. 불교 학생회장이었다가 예수님을 영접하고 난 후 하나님을 향한 남다른 첫사랑을 고백하던 최병호 형제는 지금까지 한 치의 흔들림 없이 전도자의 길을 가고 있습니다. 그런 그의 열정 어린 모습을 보면서 저는 목회자로서 부끄러울 때가 있었습니다. 참으로 영혼을 사랑하는 최병호 형제는 사람 낚는 어부로서 하나님의 기쁨이요 자랑임을 믿습니다. 또다시 책을 출간하게 됨을 진심으로 축하합니다. 이 책을 읽는 사람마다 전도에 뜨거운 열정을 가지고 마지막 때 산 증인이 되어 주기를 부탁하며 기쁜 마음으로 추천합니다.

이정화 | 선린교회 목사

내가 참 좋아하는 성경 구절이 있다. "지혜 있는 자는 궁창의 빛과 같이 빛날 것이요 많은 사람을 옳은 데로 돌아오게 한 자는 별과 같이 영원토록 빛나리라"라는, 다니엘서 12장 3절 말씀이다. 저자는 지혜로운 전도법으로 많은 사람을 예수 그리스도의 복음으로 인도하는, 이 시대 다니엘 같은 사람이다. 나는 저자와 종종 성경 토론을 하는데 그때마다 하나님을 향한 그의 열정과 순수함을 접하고 감동하곤 한다. 이 책 전체에는 내가 늘 감동하는 저자의 열정과 순수함이 잘 드러나 있다. 참으로 많은 그리스도인이 이 책을 통해 전도의 사명을 깨닫고 뜨거운 전도자로 변화하기를, 움직이지 않으면 숨이 멈추는 참치처럼 세상이라는 바닷속에서 치열하게 살아가면서 오직 전도에 힘쓰는 삶을 살게 되기를 기도한다.

이지성 | 작가

사랑이란 단어가 가벼워진 이 시대에도 하나님의 거역할 수 없고 감당치 못할 크신 사랑을 입어 잃어버린 영혼 구원을 위한 계획 안에 부르심을 입은 사람들이 있습니다. "하나님이 세상을 이처럼 사랑하사"라는 말씀이 예수쟁이, 전도쟁이 저자를 통하여 더욱 현실로 나가옵니다. 또 저자의 모습 너머로 하나님의 일하심을 봅니다. 이 책이 읽는 모든 이들의 가슴 안에 하나님께 받은 은혜와 사랑을 증거할 수 있는 용기와 전도의 기쁨을 불어넣어 줄 것이라 확신합니다.

임창현 | 김제시 의사 회장, 밝은안과 원장

특별한 사람은 어디를 가도 특별하게 삽니다. 저자와 알고 지낸 지 17년이 되었습니다. 처음에는 브니엘고등학교에서 교목과 동료 교사로, 그다음은 제 큰딸의 담임 교사와 학부모로, 이어서 브니엘예술고등학교에서 부서 부장과 기획 교사로 관계가 이어졌습니다. 2008년 처음 만났을 때부터 지금까지 저자의 삶의 방식은 조금도 달라지지 않았습니다. 어디를 가도 그의 목소리와 웃음소리로 항상 존재감이 드러납니다. 이러한 존재감은 특별함으로만 그치지 않고, 주변 사람들의 마음을 얻어 내는 특별한 은사로 이어집니다. 새로운 책 출간 소식을 듣고, 원고를 받아 읽으면서 우리 학교를 사임하고 서울로 간 지난 4년 동안 저자의 삶이 어떠했는지 한눈에 들어왔습니다. 참치처럼 살고 싶다던 그의 고백처럼 4년 동안 학교의 복음화를 위해서 수고해 왔던 그 애씀이 학교 현장을 넘어서도 계속되어 온 것을 보면서, 그의 복음에 대한 열정이 식지 않았다는 것을 한 번 더 확인할 수 있었습니다. 이 책에는 하나님 나라에 대한 그의 열정과 사람을 사랑하고 귀하게 여기는 흔적들이 묻어 있습니다. 이 책을 읽는 독자마다 일상에서 만나는 사람들에게 좋은 그리스도인의 흔적을 흘려보내는 지혜를 얻게 되기를 기대하며 추천합니다.

전영헌 | 브니엘예술고 교목, 고신대 기독교교육과 겸임교수

헤엄을 멈추면 죽고 마는 참치처럼
쉬지 않고 전도하겠습니다

저는 예수님을 영접한 후로 계속 전도를 해왔습니다. 전적인 주님의 은혜로 국민일보 주관 국민미션어워드 전도상을 2년(2023년, 2024년) 연속 수상하는 기쁨도 누렸습니다. 전도상을 수상한 덕분에 2023년 6월 홍콩으로 성지순례를 가게 되었습니다. 그 여정을 통해 중국 선교가 어떻게 시작되었는지 알 수 있어 감사했습니다. 무엇보다 그곳에서 좋은 동역자들을 만나 한 달에 한 번씩 모임을 하게 된 것이 큰 은혜였습니다. 우리는 각자 다른 교회를 다니고 있지만, 예수님 보혈의 능력과 성령님이 하나로 묶어 주셔서 본격적으로 연합팀을 구성하고 힘을 합하여 전도하게 되었습니다.

혼자 전도할 때보다 연합해서 했을 때 그 힘이 이루 말할 수 없을 만큼 컸습니다. 하나님이 "병호 너 혼자 전도하면 따발총이지만 연합해서 하면 핵폭탄이 된다"라고 기도 중에 말씀도 해주셨습니다. 혼자서는 절대 할 수 없는 전도 사역을 함께하니 넉넉히 가능하게 된 일도 많습니다. 연합팀을 만들어 주신 하나님께 감사할 따름입니다.

> **한 사람이면 패하겠거니와 두 사람이면 맞설 수 있나니 세 겹 줄은 쉽게 끊어지지 아니하느니라** 전 4:12

연합팀과 함께 사역할수록 이 말씀이 정말 진리임을 더 절실히 깨닫게 됩니다. 말씀에 잘 부합하여 전도한 이들이 바로 성경에 나오는 이들이라고 저는 확신합니다.

> 한 중풍병자를 사람들이 침상에 메고 와서 예수 앞에 들여놓고
> 자 하였으나 무리 때문에 메고 들어갈 길을 얻지 못한지라 지붕
> 에 올라가 기와를 벗기고 병자를 침상째 무리 가운데로 예수 앞
> 에 달아 내리니 예수께서 그들의 믿음을 보시고 이르시되 이 사
> 람아 네 죄 사함을 받았느니라 하시니 눅 5:18-20

한 중풍병자를 침상에 메고 예수님에게 데리고 온 사람들이
있습니다. 이들이 가족인지 친구인지 알 수는 없지만, 분명한 것
은 그 중풍병자를 자기 목숨만큼 사랑했다는 사실입니다. 그냥 돈
을 주고 고용한 인부들이었다면 사람들이 많아서 더는 나아갈 수
없다고 말하지, 남의 집 지붕까지 뚫어서 침상째 내릴 생각을 절대
할 수 없습니다. 나중에 주인에게 배상은 물론이고 고발까지 당할
수 있습니다. 이런 골치 아픈 생각을 한다면 인부들은 절대 못할
일입니다.

그리고 또 한 가지, 침상을 메고 나온 사람들에게는 중풍병자
를 예수님에게만 보이면 반드시 나을 것이라는 믿음이 있었습니
다. 그러니 집주인에게 고발당할 각오까지 하면서 지붕을 망가뜨
릴 수 있었던 것입니다. 이런 믿음과 사랑과 용기를 가진 이들이
지붕을 뜯고 침상째 중풍병자를 내렸다고 생각할 때마다 가슴이
뜁니다. 중풍병자는 자신을 위해 이렇게 노력하는 친구들을 보며
고마움에 울었을지도 모릅니다. 친구들을 보면 그 사람을 안다는

말이 있습니다. 아마 이 중풍병자도 참 좋은 사람일 것이라는 생각이 듭니다.

그렇습니다. 저는 바로 지붕을 뜯고 침상째 중풍병자를 내린 사람들 중 한 명이 되고 싶습니다. 이 사람들이야말로 연합해서 중풍에 걸린 친구의 병도 고치고 죄사함을 받게 함으로써 구원까지 얻게 했습니다. 너무나 아름답고 멋진 친구들 아닙니까? 성경에는 짤막하게 나오지만 저는 이 구절을 볼 때마다 항상 "저도 이 사람들 중 하나가 되게 해주세요. 이 사람들과 함께 연합팀을 만들어서 전도하게 해주세요" 하고 자연스럽게 기도하곤 했습니다.

그런데 하나님은 정말로 제 기도에 응답해 주셨습니다. 하나님의 은혜에 너무나 감사하고 감사할 뿐입니다. 저는 이 연합팀과 함께 하늘나라 갈 때까지 복음 전하는 사역에 힘쓰기로 날마다 결심합니다.

진실로 다시 너희에게 이르노니 너희 중의 두 사람이 땅에서 합심하여 무엇이든지 구하면 하늘에 계신 내 아버지께서 그들을 위하여 이루게 하시리라 마 18:19

이 말씀처럼 함께 협력하여 기도하며 전도에 힘쓰면 성령님이 어떻게 역사하시는지를 많은 사람들에게 잘 알릴 수 있을 것입니다. 이 일이 저의 소명이라 확신합니다. 최선을 다해 그 임무를

수행하도록 하겠습니다. 은사님이신 수영로교회 정필도 원로목사님이 하신 말씀을 저는 항상 가슴에 새기며 살고 있습니다.

"여러분은 삯꾼이 아닌 좋은 목자가 되어야 합니다. 그리고 여러분이 목사가 아니더라도 삶의 현장에서는 목회자와 같습니다. 그러니 지금 계신 곳에서 참 목자, 목회자의 마음가짐으로 살아가시길 바랍니다."

저는 이 말씀을 듣고 그때부터 순종하여 '나는 삶의 현장에서 목회자다. 이름에 걸맞게 거룩하게 살고, 복음 전하고, 양육까지 책임지는 참 목자가 되자'고 결심했습니다. 참 목자는 복음을 전하고 양육도 끝까지 책임지는 사람입니다.

마지막으로 저는 참치처럼 살고 싶습니다. 참치도 아가미로 숨을 쉽니다. 그러나 참치는 일반 어류와 달리 아가미 근육이 발달하지 않아 헤엄칠 때 입으로 들어온 물을 아가미 쪽으로 통과시켜 숨을 쉰다고 합니다. 그래서 참치는 계속 헤엄을 쳐야 숨을 쉴 수 있습니다. 한마디로 참치는 움직이지 않으면 죽는 것이지요. 참치처럼 저도 항상 복음을 위하여 목숨 걸고 움직이고 싶습니다. 복음을 위해 행동하지 않으면 죽는다는 각오로 말입니다. 그러나 결코 성령님보다 앞서서 행하지 않을 것이고, 기도보다 앞서 일하지 않을 것입니다. 이 순서가 뒤바뀌면 100퍼센트 실패하기 때문입니다.

누군가와 동행하려면 방향과 속도와 친밀감이 필요하다고 합니다. 저희 전도 연합팀 모든 구성원은 '하나님이 기뻐하시는

열혈 연합 전도왕

전도'라는 같은 방향을 바라보고 가겠습니다. 그리고 같은 속도로 같이 발맞추어 걷겠습니다. 마지막으로 성령의 끈으로 묶인 사랑과 섬김이 바탕이 된 친밀감으로 하나가 되어 기쁨으로 나아갈 것입니다.

2025년 2월

최병호 | 국제 혁신영재사관학교 교감

1
PART

연합하는 우리는 전도 어벤져스

전도 연합팀, 행복한 전도의 삶 TV

강점으로 전도하라

즐겁게 축구하고 싶은 사람 여기 다 모여라

"코로나가 잠잠해졌습니다. 이제 야외 활동해도 됩니다."

이 말을 얼마나 기다렸는지 모릅니다. 이 말이 뉴스에서 나오자마자 저는 바로 잔디 구장을 빌렸습니다. 마침 저희 집 근처에 공원이 하나 있는데 천연 잔디 구장이 그 안에 있었습니다. 잔디 구장에서 축구를 할 수 있다니, 너무나 감사했습니다. 하나님은 각 사람의 장점과 강점을 가지고 일하길 좋아하십니다. 그래서 저는 제가 좋아하는 축구를 하면서 전도할 계획을 세웠습니다.

> 너는 말씀을 전파하라 때를 얻든지 못 얻든지 항상 힘쓰라 범사에 오래 참음과 가르침으로 경책하며 경계하며 권하라 딤후 4:2

이 말씀대로 무슨 일을 하든지 항상 복음 전할 기회로 삼으면 됩니다.

저는 제가 운영하는 유튜브 '행복한 전도의 삶 TV'에 "천연 잔디 구장에서 축구할 사람 다 오세요. 근데 혼자 오지 마시고 전도할 친구 데리고 같이 오세요" 하고 영상을 올렸습니다. 그러자 여러 곳에서 참석하고 싶다고 연락이 왔습니다. 그렇게 모인 사람이 50명쯤 되었습니다. 20명 정도는 예수님을 믿는 제 동역자였고, 30명 정도는 예수님을 믿지 않는 전도할 친구들이었습니다.

처음부터 예수님 믿고 교회 오라고 하면 부담스러울 수 있지만, 축구하러 가자고 하면 싫어할 사람이 누가 있겠습니까? 여기에 착안하여 축구를 통해 복음을 전할 기회를 만든 것입니다.

특히 우리나라는 월드컵이나 축구에 열광하지요. 한일전이라고 하면 사족을 못 씁니다. 하지만 우리는 복음을 위해 즐기면서 하는 축구를 선택했습니다. 미리 예수님을 믿는 20명의 동역자에게 거친 축구는 안 된다고, 복음을 위해 사랑으로 즐기면서 뛰는 축구를 하자고 했습니다. 그렇다고 군대에서처럼 대대장님이 공을 몰고 오시면 홍해의 기적처럼 길이 열리는 축구를 하자는 것이 아닙니다. 이기면 좋지만, 승부에 너무 집착하지 말고 다 같이 웃으면서 즐기는 축구를 하자고 했습니다. 상대방이 잘하면 박수도 쳐 주고, 넘어지면 얼른 가서 일으켜 주는 정말 행복한 축구를 하자고 했습니다. 축구를 즐기면서 복음도 전하는 일석이조의 기쁨과 행복을 누리자는 것입니다. 동역자들은 제가 말한 취지에 공감해 주었습니다. 그리고 오실 분들을 위해 기도하며 섬길 준비를 해나갔습니다.

축구 경기를 하는 동안도 중요하지만, 쉴 때도 중요합니다. 쉬는 동안 예수님을 믿는 두 사람이 예수님을 모르는 세 명과 짝이 되도록 조를 짜 주었습니다. 간식, 김밥, 음료수를 대접하고 같이 나눠 먹으면서 친해지도록 했습니다.

그렇게 우리는 함께 모여 축구도 하고 나눔도 하면서 즐거운 시간을 보냈습니다. 모임 때 믿지 않는 사람들에게 가장 많이 들은 이야기가 진짜 오랜만에 즐기면서 축구를 했다는 것이었습니다. 직장인 축구, 동호회 등에서도 축구 경기를 많이 하는데, 그런 곳에서는 경기가 진행될수록 지나치게 과열되어 깊은 태클도 들어오고 몸싸움도 심해져 다치기 일쑤라 했습니다. 그런데 여기서는 상대방을 다치지 않게 배려하면서 경기하니 너무 즐겁고 좋다고 했습니다. 이런 축구 모임에 초대해 줘서 정말 고맙다는 말도 많이 해주었습니다.

그들에게 전해진 것은 아마도 예수님의 따뜻한 사랑 아니었을까요? 남자들은 운동하며 같이 땀흘리다 보면 친해지는데, 여기에 배려와 섬김까지 더해지니 큰 기쁨과 감동으로 이어졌던 것이라고 생각합니다. 저는 앞으로도 그들의 마음 문이 활짝 열리길 더욱 기도했습니다. 그래서 그 마음에 복음이 전해진다면 이보다 더 큰 행복이 없을 것입니다. 실제로 이 축구 모임을 통해 교회에 출석할 수 있게 도움 드린 분들이 있습니다. 그들은 지금까지도 예수님을 잘 믿으면서 하루하루 행복하다고 고백합니다. 그런 지체들을 보면서 즐거운 축구를 통해 복음을 전할 수 있게 해주신 하나님께 감사드리고 또 감사를 드립니다.

배드민턴, 탁구, 농구, 족구할 사람 다 모여라

축구뿐 아니라 여러 운동 종목을 통해서도 얼마든지 복음을 전할 수 있습니다.

우리나라에서 가장 많은 스포츠 동호인을 가진 종목이 배드민턴입니다. 배드민턴은 채와 공만 있으면 집 앞에서든 공터에서

든 가족, 친구들끼리 얼마든지 가볍게 같이할 수 있는 운동이다 보니 남녀노소 막론하고 인기가 많은 것 같습니다.

저는 축구와 마찬가지로 배드민턴할 사람을 모았습니다. 순식간에 50명이 모였습니다. 문제는 이 많은 사람과 함께 운동할 장소를 찾는 것이었습니다. 처음에는 실내 배드민턴장에 갔습니다. 배드민턴 동호인들이 이미 사용하고 있어서 우리는 한 코트만 쓸 수 있었습니다. 도저히 안 되겠다 싶어서 야외 배드민턴장을 찾았습니다. 감사하게도 나무로 둘러싸여 있어서 바람도 막아 주었습니다. 코트가 아홉 개나 있어서 50명이 충분히 번갈아 칠 수 있었습니다. 재밌게 칠 수 있도록 실력이 비슷한 사람들끼리 경기하게 했습니다. 처음 배드민턴을 치는 분들에게는 라켓 잡는 방법부터 설명해 주고, 재밌게 칠 수 있도록 머리 위로만 공을 넘겨주었습니다.

이 모임에 전도 대상자가 15명 정도 있었습니다. 예수님 믿는 세 명에게 믿지 않는 한두 명씩 짝을 지어 주었습니다. 중간중간 쉬는 시간에 다과를 먹으며 친분을 쌓고 잘 섬길 수 있도록 했습니다.

배드민턴장에는 항상 파이팅 소리와 웃음소리가 끊이지 않았습니다. 네트에 공이 걸려도 웃고, 넘어져도 웃고, 원하는 곳에 공이 정확히 떨어져서 이겨도 웃었습니다. 남녀노소 함께할 수 있는 운동이라 더더욱 즐거웠던 것 같습니다.

탁구도 인기가 많은 운동이라 같은 방식으로 사람들을 모았습니다. 40명 정도가 금방 모였습니다. 예수님 믿지 않는 분들 10-15명 정도가 왔습니다. 우리는 괜찮은 위치에 있는 좋은 탁구장을 먼저 섭외하고 실력 좋은 친구들을 모아서 사람들에게 탁구를 가르치며 경기했습니다. 이 탁구 모임에서 처음 탁구를 배운 분들이 나중에는 수준급이 되었습니다. 무엇보다 운동하면서 비신자들의 마음 문이 활짝 열려 복음도 전할 수 있었고, 교회로 인도도 할 수 있었습니다. 정말 매력적인 스포츠를 즐기면서 전도까지 할 수 있어서 얼마나 감사했는지 모릅니다.

열혈 연합 전도왕

사랑의 오지랖을 빵과 케이크에 담아

저는 헬스장 가는 것을 좋아하지 않습니다. 함께하는 구기종목을 좋아하지 혼자 하는 운동과는 거리가 멉니다.

제가 있는 사무실 근처에 헬스장이 하나 있었습니다. 어느 날 우연히 그 앞을 지나가는데, 사장님으로 보이는 분이 문 앞에 쪼그리고 앉아서 무언가를 떼고 있었습니다. 표정이 안 좋아 보였습니다. 순간 코로나 시기에 다 힘들지만 특히 헬스장이 힘들다는 뉴스 기사가 떠올랐습니다. 그러고 보면 전도하고 복음을 전함에 있어서 상대방을 불쌍히 여기는 마음, 즉 측은지심이 첫 번째로 필요한 것 같습니다. 이 말을 다르게 표현하자면 '사랑의 오지랖'이 필요하다는 뜻입니다.

사실 그날은 제게 참 기쁘고 기분 좋은 날이었습니다. 학교 제자가 원하는 대학교 제빵학과에 장학생으로 합격했다면서, 감사의 의미로 맛있는 빵과 케이크를 직접 만들어 준 것입니다. 저는 기쁨 충만이고, 헬스장 사장님은 누가 봐도 슬픔 충만인 것 같았습니다. 그렇다고 다짜고짜 찾아가 말을 걸 수 있습니까? '어차피 나는 모르는 사람이고, 괜히 남의 일에 간섭했다가 이상한 사람 될 수도 있어'라는 생각이 앞섭니다. 그런데 성령님이 주시는 생각은 다릅니다. 성령님이 제게 "병호야, 이 빵 너보다 그에게 더 필요하지 않겠니?" 하고 물으셨습니다. 그때 저는 "성령님 저도 빵 무지 좋아하는데요"라고는 했지만 무슨 말씀인지 잘 알고 있었습니다. 알 수 없는 기쁨이 마음 깊은 곳에서 샘솟았습니다.

저는 헬스장 사장님에게 최대한 예의 바르고 공손하게 다가갔습니다. 그리고 "사장님 뭐 하고 계세요?" 하고 여쭈었습니다. 그랬더니 사장님이 침울한 표정으로 저를 보며 "네, 지금 하는 일이 잘 안 돼서 다른 업종으로 변경하려고요. 광고 붙인 스티커를 떼고 있습니다"라고 하는 겁니다. 그래서 제가 이렇게 말씀드렸습니다.

"사장님, 이 빵하고 케이크는 이번에 장학생으로 대학 간 제자가 고맙다고 만들어서 준 선물입니다. 그런데 저보다 사장님에게 이게 더 필요할 것 같습니다. 댁에 가셔서 사모님, 아이들과 함께 맛있게 나눠 드세요. 그리고 어떤 새로운 사업을 하게 될지 모르겠지만 제가 대박 나도록 기도하겠습니다."

제 얘기를 듣더니 사장님이 놀라서 토끼 눈이 되었고 자리에서 벌떡 일어났습니다. 얼떨결에 제가 건네는 빵과 케이크를 받아들고 당황해했습니다. 눈가가 촉촉해 보였는데 모르는 체했습니다. 사장님은 "이 귀한 걸 제게 주셔도 됩니까? 이걸 받아도 되는지 모르겠습니다"라고 하며 어쩔 줄 몰라 했습니다. 저는 "진짜 괜찮습니다. 제가 제자한테 사장님께 드렸다고 말하면 귀한 분께 드렸다고 정말 좋아할 겁니다. 제 것은 다시 만들어 달라고 하지요. 기꺼이 또 만들어 줄 거예요. 전혀 신경 쓰지 말고 맛있게 드시고 힘내십시오. 제가 기도하겠습니다" 하고 환하게 웃으며 두 손을 모으고 말씀드렸습니다. 사장님은 연신 고맙다고 하며 눈물을 닦았습니다. 우리는 서로 웃으며 인사하고 헤어졌습니다.

그때부터 헬스장 사장님과 친분을 쌓아 나갔습니다. 사장님을 통해서 그곳 실장님과도 친해졌습니다. 저는 헬스장 문턱도 잘 넘지 않는 사람인데, 그분들과 친해지다 보니 쉽게 헬스장을 드나들게 되었습니다. 지나가다가 내 커피 사는 김에 한두 개 더 사서 사장님과 실장님에게 드렸습니다. 또 맛있는 떡이나 빵이 생기면 가서 나눴습니다. 제 아들 예찬이, 딸 예은이와도 친해졌습니다. 예의 바르게 인사도 시키고, 아이들 손에 선물을 들려 보냈습니다. 사장님과 실장님이 얼마나 아이들을 좋아해 주는지 간식도 나눠 주고 운동도 가르쳐 주었습니다. 나중에는 저보다 아이들이 더 친해져서는 마치 놀이터처럼 헬스장을 드나들었습니다.

전도도 저보다 아이들이 해야 효과가 좋습니다. 제가 사장님과 실장님에게 "이번 주에 시간 되시면 교회 한번 오세요"라고 말씀드리면 "네 가겠습니다" 하고는 안 오신 적이 많은데, 아이들이 "이번 주에 안 바쁘시면 교회 오세요"라고 말씀드리면 "너희에게는 거짓말을 못 하겠다. 교회에 진짜 갈 때 꼭 이야기할게"라고 하고 교회에 옵니다.

한번은 헬스장에 들러 이런저런 이야기를 나누다가 "사장님과 헬스장이 잘되기를 기도하고 있습니다"라고 마지막 인사를 하고 나가려는데 사장님이 "지금 기도해 주세요" 하면서 제 앞에 서서 눈을 감고 손을 모았습니다. 그렇게 헬스장 데스크 앞에서 사장님의 두 손을 꼭 붙잡고 기도해 드렸습니다. 헬스장 사장님과 실장님이 예수님을 인격적으로 만나기를, 그래서 행복하게 신앙생활하길 기도드립니다. 속히 그렇게 되도록 우리 아이들과 제가 기도하며 최선을 다해 끝까지 잘 섬길 것입니다.

제게 케이크를 만들어 준 그 학생은 이후에 어떻게 되었는지 아세요? 연우라는 제자인데, 어머니로부터 이런 메시지를 받았습니다.

선생님!

연우에게 기쁜 일이 생겨서 짧게 간증합니다. 연우가 그동안 꼭 들어가고 싶다던 디저트 숍이 있는데, 이번에 취업에 성공했습니다. 지난여름 직원 공고가 나서 지원했고 면접도 통과했는데 주일에 일을 해야 한다더군요. 사장님과 일정을 조율해 보려고 했지만 형평성에 어긋난다고 해서 아쉽지만 포기하려고 했습니다.

그런데 일주일 전 사장님으로부터 연락이 왔습니다. 화요일 휴무가 없어지니 연우는 일요일에 고정 휴무 지정해 줄 수 있겠다면서, 일해 줄 수 있는지 물어보더랍니다. 정말 기적 같은 일입니다. 디저트 업계에선 주말 근무가 당연한 것이거든요. 그렇게 되어서 연우가 그토록 바라던 곳으로 11월부터 출근하기로 했습니다. 연우를 많이 사랑해 주시고 기도해 주셔서 감사드립니다.

그런즉 너희는 먼저 그의 나라와 그의 의를 구하라 그리하면 이 모든 것을 너희에게 더하시리라 마 6:33

찾아가는 **복음 서비스**

폭우도 막지 못한 이웃사랑

2023년 6월, 우리나라 중부지역에 어마어마한 폭우가 쏟아졌습니다. 쏟아지는 비에 둑이 터지고 지하차도가 순식간에 물에 잠기면서 안타깝게도 많은 인명피해까지 입었습니다.

국민일보 '더 미션'을 통해 여러 교회도 물에 잠겨 강대상이며 의자며 각종 예배 장비들을 다 버리게 되었다는 기사를 보았습니다. 특히 교회 벽에서 아직도 물이 나오고, 집기들은 쓰레기로 변해서 못쓰게 되고, 임시 거처에서 예배를 드린다는 기사를 보고는 마음이 너무나 아팠습니다. 가슴 아픈 기사를 보면 기도가 절로 나옵니다.

기도 중에 성령님이 "병호야, 어떻게 할 거니?" 하고 물으시기에 "네! 당연히 도와드려야죠. 최선을 다해 돕겠습니다"라고 대답했습니다. 그렇게 기도하던 중에 강다니엘 팬클럽에서 천만 원어치가 넘는 옷을 저에게 기부해 주었습니다. 옷 기부 이야기를 듣자마자 든 생각은 감사였습니다. "감사합니다, 하나님! 폭우 피해 입은 교회들을 어떻게든 돕고 싶었는데, 잘 도우라고 마침 딱 필요한 물품을 보내 주시네요" 하고 그 자리에서 기도를 드렸습니다.

그런 후 성령님이 주신 지혜로 계획을 짜기 시작했습니다. 성령님은 '가장 큰 피해를 입은 교회에 가서 전도 축제를 하고 와야겠다'는 마음을 주셨습니다. 먼저 폭우로 피해 입은 교회 기사를 쓰신 국민일보 기자님에게 연락해서 가장 피해를 많이 본 교회가 어디인지 파악했습니다. 경북 문경에 있는 시골 교회였는데, 바로 그 교회에 연락해서 '예수 사랑 찬양의 밤' 행사를 제안했습니다.

이렇게 갈 교회와 날짜를 정하고 전도축제 계획을 세웠습니다. 가장 먼저 KBS2 TV '불후의 명곡'에서 아홉 번이나 우승한 밴드 몽니의 리더이자 보컬 김신의 형님에게 연락을 했습니다. 전도축제를 하게 된 그동안의 이야기를 나누고 함께하자고 요청했습니다. 신의 형님은 바쁜 중에도 흔쾌히 제 요청을 수락해 주었습니다.

그다음에는 은사님인 이병수 전 고신대 총장님께 연락을 드렸습니다. 그랬더니 우리나라 최고 태권도팀 고신대학교 태권도 선교학과 학생들을 보내 주셨습니다. 대한민국 국가조찬기도회

이봉관 회장님이 폭우로 피해 입은 교회를 도우러 가는 것을 알고 1,100만 원을 후원해 주었습니다. 네 개 교회에 200만 원씩 나누고, 가장 큰 피해를 입은 교회에 300만 원을 전달했습니다.

제 유튜브 채널 구독자 중에 경남 양산에서 '봄이 오다' 떡집을 운영하는 황정원, 김보람 부부 사장님이 있습니다. 그날 전도 축제에 귀하게 쓰라고 감사하게도 많은 양의 떡을 보내 주었습니다.

전도 축제 당일 현장에서 도와 준 동역자들과 제자들도 있습니다. 우리는 가기 전부터 기도로 준비하였습니다. 전도 축제를 가는 날도 폭우가 쏟아졌습니다. 비바람을 뚫고 교회에 도착했습니다. 폭우가 쏟아지고 있었지만, 하나님이 준비한 영혼을 반드시 보내 주실 것이라는 믿음이 있었습니다. 우리는 감사하는 마음으로

'예수 사랑 찬양의 밤' 행사를 시작했습니다.

　감사하게도 그 비를 뚫고 많은 교인과 특히 예수님을 믿지 않는 다섯 분의 이웃이 와 주었습니다. 김신의 형님과 태권도팀의 멋진 공연으로 힘들게 교회까지 오신 분들의 입가에 함박웃음을 드릴 수 있었습니다. 준비된 공연 뒤 제가 복음 메시지를 전했습니다. 특히 교회 처음 오신 분들을 위해 복음을 전했습니다.

　먼저 제 이야기를 나눴습니다. 불교 학생회장까지 하다가 세상적 죽음의 정의와 성경적 죽음의 정의를 듣게 된 이야기, 그리고 주님의 은혜로 지옥을 경험하면서 회심한 이야기를 했습니다. 예수님만이 구원자이시고 우리의 참 주인이심을 선포하였습니다. 끝으로 영접기도를 같이 드리며 복음 메시지를 마무리하였습니다.

　참석하신 분들은 비가 억수같이 오는 날 자신들을 위해 이렇게 먼 길을 와 주고, 멋진 공연에 선물까지 줘서 고맙다고 몇 번이나 이야기했습니다. 저희는 준비한 선물을 드리며 오히려 폭우를 뚫고 이렇게 교회에 와주셔서 감사드린다고 인사를 했습니다.

복음 전하는 기쁨과 즐거움과 감사로 인해 피곤하거나 힘들다는 생각이 전혀 들지 않았습니다. 오히려 이렇게 폭우 피해를 입은 교회에서 '예수 사랑 찬양의 밤' 전도 축제를 열게 해주신 하나님께 감사와 찬양이 절로 나오는 아름다운 밤이었습니다.

감사하게도 이 먼 곳 전도 축제 현장에 국민일보 조승현 기자님이 취재하러 와 주었습니다. 덕분에 인터넷에 '예수 사랑 찬양의 밤'이라고 검색하면 그날 기사가 나오니, 생생한 현장을 보고 싶은 분은 기사를 찾아보길 추천합니다.

사랑스러운 아이들과 함께한 화이트 크리스마스

　　오두환 대표님이 이끄는 '굿닥터네트웍스'는 매월 우리나라 스물두 곳의 보육원을 후원하고 있습니다. 그중에 서울랜드에서 보육원 아이들과 자원봉사자들이 행복하고 즐거운 시간을 보내는 행사가 있습니다. 규모가 꽤 큰 행사로, 2023년 9월에는 262명의 보육원 아이들과 500명의 자원봉사자가 모였고, 이듬해에는 보육원 아이들 370명과 500명의 자원봉사자가 함께했습니다.

　　이날은 아이 한 명과 어른 한두 명이 한 조가 되어서 아이가 놀이동산에서 신나게 놀 수 있도록 합니다. 그날 하루만큼은 자원자들이 보육원 아이의 아빠, 엄마가 되어 주는 것입니다. 저는 전도 연합팀 동역자 30명과 함께 참석하였는데요, 거기서 제자와 1대1로 매칭된 한 보육원 남자아이가 계속 눈에 들어왔습니다. 아직 유치원생인 아이의 눈이 얼마나 맑고 예쁘던지요. 어릴 적 사고로 손이 조금 불편한 친구였는데요, 정말 해맑게 웃으며 신나게 뛰어놀았습니다. "너무 신나요. 너무 재밌어요. 감사합니다"라고 말하는 아이의 모습이 머리에서 떠나질 않았습니다.

　　하루는 기도 중에 크리스마스가 곧 다가오는데 보육원 아이들, 특히 그 아이가 생각났습니다. 아이가 있는 보육원에 전도 연합팀이 가서 크리스마스 선물도 주고 체육대회와 레크리에이션을 해주고 싶었습니다. 아이들과 다 같이 신나게 뛰고 구르며, 예수님의 사랑을 전하면 참 좋을 것 같았습니다. 그래서 크리스마스가 다가오는 시점에 해당 보육원을 방문했습니다. 이번에도 소식을 들은 대한민국 국가조찬기도회에서 아이들에게 좋은 선물과 간식을 준비해서 가라고 300만 원을 후원해 주었습니다. 우리는 기쁜 마음으로 아이들이 좋아할 과자 선물세트와 문화상품권, 인형과 장난감을 준비했습니다. 체육관이나 운동장에서 마음껏 뛰어놀 수 있도록 각종 공과 레크리에이션, 놀이기구도 준비해서 50명이 넘는 인원이 갔습니다.

아이들은 처음에 약간 어색해하는 듯 보였지만, 준비운동을 시작하자 벌써부터 친해져서 웃음이 끊이지 않았습니다. 우리는 전도 연합팀 반, 보육원 아이들 반으로 기쁨팀과 희망팀으로 나눴습니다. 이때부터 양 팀의 열띤 응원과 더불어 모든 종목마다 한치의 양보도 없는 경기가 시작되었습니다.

"기쁨 이겨라, 기쁨 이겨라!"

"희망 이겨라, 희망 이겨라!"

단체 줄다리기, 전략 줄다리기, 달리기, 줄넘기, 바구니에 공 넣기, 신발 멀리 날리기, 2인 3각 게임, 축구 등 모든 종목마다 온 열정을 쏟아붓고 최선을 다했습니다. 아이들은 하이파이브도 하고 기뻐 뛰며 즐거워했습니다. 두 팀으로 나누어서 진행된 체육대회와 레크리에이션은 아이들과 우리를 하나로 만들어 주었습니다.

준비한 선물을 나눠 주고 맛있는 과자를 함께 먹고, 기념사진도 찍었습니다. 헤어질 때는 아쉬운 마음에 아이들을 한 명씩 안아 주었습니다. 그때 우리의 마음을 아셨는지 하나님이 눈을 펑펑 내려 주셨습니다. 우리는 이 기회를 놓치지 않고 아이들과 다 같이 운동장으로 뛰어나갔습니다. 눈싸움도 하고 눈사람도 만들며 소중한 추억을 간직하기 위해 사진과 영상을 찍었습니다. 눈 속에서 이렇게 아이들과 함께 신나게 뛰어놀 수 있어서 마냥 행복했습니다. 서울로 이사 가기 전까지 부산에만 살아서 10년에 한두 번밖에 눈을 못 봤던 저였기에 펑펑 내리는 눈이 가장 큰 크리스마스 선물이었습니다. 저는 놀이동산에서 만났던 그 남자아이를 오랫동안 품에 안고, 예수님의 사랑과 보호하심 가운데 지혜와 키가 무럭무럭 자라길 기도해 주었습니다.

특히 이 자리에는 예수님 믿지 않는 세 분도 함께했습니다. 교회 나가는 건 망설여지지만 봉사는 너무 좋아해서 꼭 같이 가고 싶

다고 한 분들이었습니다. 현장에 직접 와서 우리와 함께 아이들과 신나게 놀고, 선물을 나눠 주었습니다. 특히 예수님의 사랑을 나누며 너무 행복해하는 우리 연합팀의 모습을 보며 감동을 받았다고 했습니다. 그 후 세 분은 모두 교회에 출석하게 되었습니다. 그중 한 분은 예수님을 인격적으로 만나 복음을 받아들이고 아름다운 하나님의 자녀가 되었습니다. 이렇게 행복하고 즐겁고 기쁜 봉사 활동을 통해 복음을 전할 수 있게 해주신 우리 하나님께 모든 영광과 찬양과 감사를 올려 드립니다.

연탄과 함께 전하는 사랑과 복음

국민일보를 살피던 중에 여러 사람이 연탄을 나르는 사진을 봤습니다. 새삼 여전히 연탄을 사용하는 곳이 많다는 사실이 마음에 와닿았습니다. 그리고 기도하던 중에 연탄을 나누러 가야겠다는 생각이 강하게 들었습니다. 전도 연합팀 동역자들에게 연탄과 함께 예수님의 사랑을 전하러 가자고 제안했습니다.

동역자 대부분이 연탄 봉사를 한 번도 안 해 봤다고 했습니다. 그런데도 불평이나 부정적인 반응 하나 없이 모두 기쁨으로 제안을 받아들여 주었습니다. 제가 우리 전도 연합팀에게 항상 감사하는 것이 이 부분입니다. 제가 어떤 봉사나 스포츠나 여행을 통한

전도 제안을 하더라도 모두 기쁨으로 함께해 줍니다. 이날 연탄 봉사에도 어른과 아이 합쳐 50명 정도 모였습니다. 서로 인사를 나누고 하나님께 합심하여 기도드렸습니다.

　우리는 두 팀으로 나눴습니다. 연탄을 나르는 팀과 집 안으로 들어가서 어르신께 선물을 드리고, 이야기를 나누며 집안일을 도와드릴 팀이었습니다. 모두 맡은 자리에서 신나게 봉사했습니다. 연탄을 나르는 분들은 마치 개미가 먹이를 입에서 입으로 물고 전달하는 것처럼, 손에서 손으로 부지런히 날랐습니다. 뭐가 그리 좋은지 찬양도 부르고 콧노래도 불렀습니다.

　집 안에 들어간 팀은 먼저 집을 살피며 도와드릴 것이 없는지 확인했습니다. 어느 집은 곳곳에 염주를 비롯해서 불교 용품이 많이 보였습니다. 어르신께 "어르신, 혹시 종교 있으세요?" 하고 물으니 "불교"라고 대답했습니다. 일단은 준비해 간 선물과 간식, 후원금을 드렸습니다. 곧이어 어르신과 준비해 간 간식을 먹으면서 이런저런 이야기를 나누기 시작했습니다. 최대한 어르신의 이야기를 들었습니다. 그러던 중에 할머님이 3년 전에 돌아가셨다는 사실을 알게 되었습니다. 할머님은 생전에 교회에 다녔다고 했습니다. 그때 제가 할아버지께 이렇게 여쭈었습니다.

"할아버지, 할머니 보고 싶지 않으세요?"

"당연히 보고 싶죠."

그때 성령님이 번쩍이는 아이디어를 주셨습니다.

"할아버지, 할머니는 생전에 교회 다니셨으니까 예수님 믿으셨겠네요. 그러면 할머니가 지금 어디 계신 줄 아세요?"

"교회 다니는 사람들은 천국에 간다고 하대요."

할아버지의 말을 듣자마자 제가 말했습니다.

"할아버지, 맞습니다. 할머니는 예수님 믿고 천국에 가 계십니다. 그런데 큰일이 하나 있습니다. 할아버지는 예수님 안 믿으시니까 돌아가시면 천국에 못 가십니다. 그런데 문제는 저기 옆에 사는 다른 할아버지가 예수님 믿으니 돌아가시면 천국에 가시겠죠? 그 할아버지가 천국에서 할머니 만나 '쎄쎄쎄' 하며 오붓하게 잘 지내게 되면 어쩌죠?"

"그럼 안 되죠!"

할아버지가 1초의 망설임도 없이 소리치시는 게 아닙니까? 그래서 제가 기회를 놓치지 않고 할아버지께 제대로 복음을 전했습니다. 지혜가 넘치시는 동역자 한 분이 어르신이 잘 보실 수 있도록 미리 말씀을 출력해 와 주었습니다. 요한복음 3장 16절 말씀과 사도행전 4장 12절 말씀이 크게 적혀 있었습니다. 저는 그것을 할아버지께 보여 드리며 말씀을 풀어 복음을 전했습니다. 제가 복음을 전할 때 방 안에 계신 분들은 중보기도를 해주었습니다. 성령님이 역사하셔서 할아버지의 마음 문을 활짝 열어 주시고 예수님을 구주로 영접하시기를 간구했습니다.

우리는 중간에 '샌드아트 사영리'를 유튜브에서 검색해서 함께 보았습니다. CCC에서 올려둔 영상인데, 복음의 핵심을 샌드아트를 통해 잘 전하고 있습니다. 할아버지도 그 영상을 집중해서 보셨습니다. 제가 중간중간 옆에서 설명도 해드렸습니다. 그리고 마지막으로 영접기도 시간이 되었습니다.

"이제까지 말씀드린 예수님을 할아버지의 구주로, 주인으로 받아들이시겠습니까?"

"네, 영접하겠습니다."

할아버지는 힘있게 영접기도까지 하셨습니다.

"할아버지, 집 안에 있는 염주와 불교 용품들은 어떻게 할까요? 이제 다 버려도 되겠죠?"

"버려도 됩니다."

우리는 불교 용품을 모두 수거하여 처리했습니다.

어느 교회를 다니게 도와드릴까 생각하고 있는데, 이런 제 마음을 잘 아시는 하나님이 놀랍게 역사하셨습니다. 영접기도가 끝나자 마침 할아버지를 돕는 봉사자에게서 전화가 왔습니다. 할아버지와 이야기를 마친 후에 제가 전화를 바꿔 받아서 통화하게 됐는데, 알고 보니 그분도 교회를 다니는 분이고, 권사님이라고 했습니다. 제가 지금까지 있었던 일을 말씀드리고 돌아오는 주부터 권사님과 함께 교회에 나갈 수 있도록 부탁드렸습니다. 그랬더니 너무 감사하다며 주일 아침에 꼭 교회에 모시고 가겠다고 했습니다. 그렇게 할아버지는 5주 동안 한 번도 안 빠지고 교회에 나가셨습니다. 6주째 되던 날은 교회를 안 나가셨다기에 다시금 찾아뵙고 예수님을 또 전하고 왔습니다.

열혈 연합 전도왕

Part 1 연합하는 우리는 전도 어벤져스

영접기도 한 번 하고 교회로 인계했다고 끝이 아닙니다. 우량한 아기 나았다고 아기가 스스로 분유 타서 먹고 용변도 스스로 해결하는 것이 아닌 것처럼 새가족도 세심한 사랑과 관심이 필요한 법입니다.

저희 전도 연합팀은 연탄 봉사로 만난 할아버지가 예수님 잘 믿고 교회도 계속 잘 나가시길 기도드립니다. 결국에는 천국에 계신 할머님과 만나 하나님을 찬양하며 영원히 기쁨의 '쎄쎄쎄'를 함께하실 수 있도록 기도하며 최선을 다해 돌보아 드릴 것입니다.

최고의 선물은 복음, 홀로 어르신 돕기

제가 브니엘예술고등학교에서 근무할 때 정말 아름답고 멋진 행사가 하나 있었습니다. 감사하게도 이 학교에 교사로 가자마자 제가 행사의 담당자가 되었는데요, 크리스마스가 다가오면 열었던 '홀로 어르신(독거노인) 돕기'란 행사였습니다. 네 개 학교(브니엘고등학교, 브니엘여자고등학교, 브니엘예술고등학교, 브니엘예술중학교)가 연합해서 하는 유일한 행사이기도 했습니다.

홀로 어르신들을 위해 자유롭게 네 개 학교 학생들이 성금을 냈고, 금정구청에 우리가 도와드릴 홀로 어르신 명단을 부탁드렸습니다. 그렇게 200명이 넘는 어르신들을 우리 아이들이 기도하며 잘 준비해서 찾아가서 봉사하였습니다.

크리스마스 2-3일 전에 학생 세 명이 한 조가 되어 직접 홀로 어르신 댁을 방문합니다. 갈 때 성금 5만 원(은행에서 미리 신권으로 바꿔 놓음)과 함께, 정성스럽게 준비한 고급 롤케이크와 과일 등을 선물로 드립니다. 그리고 아이들은 어르신의 말벗이 되어 주고, 어깨와 팔도 주물러 드립니다. 설거지는 물론 집안 구석구석 청소도 합니다. 집안에 고칠 물건이 있으면 고쳐 드립니다. 웃풍이 심한 곳은 미리 단열시트를 사 가서 창문에 꼼꼼히 설치해 드립니다.

그림을 잘 그리는 예술고등학교 미술과 아이들은 어르신들의 얼굴을 아름답고 멋지게 그려 드리고, 음악과 아이들은 악기를 연주하기도 합니다. 어르신이 좋아하는 트로트를 불러 드리면, 어르신도 신이 나서 따라 부르십니다. 어르신이 라면 먹고 가라고 차려 주시면 맛있게 먹고 옵니다. 기도도 빼놓지 않습니다. 아이들은 내 할아버지, 할머니라고 생각하고 그분들의 손을 잡고 마음을 다하여 건강을 위해 기도하고 돌아옵니다.

학교에 돌아오면 아이들은 보고서를 작성합니다. 돌아가신 자기 할아버지 할머니가 생각난다며 우는 아이들도 있습니다. 봉사로 가는 시간 외에 정기적으로 몇 개월에 한 번씩 찾아가서 안부를 묻고 청소해 드리는 아이들도 있습니다.

이런 일도 있었습니다. 예전에 할아버지의 폭력으로 마음의 병을 얻어 집밖에 잘 못 나가고 집안에 쓰레기를 쌓아 두는 할머니가 계셨습니다. 그 어르신 댁을 다녀온 아이들이 제게 도움을 청해서 도와주러 가게 되었는데요, 자원한 아이들 여덟 명과 함께 다섯 시간 동안 집안에 있는 쓰레기들을 버리고 온 적도 있습니다. 스무 개가 넘는 100리터짜리 쓰레기 봉지에 쓰레기를 꼭꼭 채워서 버렸습니다. 집안 청소를 할 때는 바퀴벌레, 지네 등 온갖 벌레를 수백 마리나 만났습니다. 아이들은 벌레가 나올 때마다 기겁하며 도망쳤지만 이내 웃으며 돌아와서 치웠던 기억이 납니다(유튜브 채널 '행복한 전도의 삶 TV'에 이때 아이들과 청소하던 영상을 올려 놓았습니다.)

이렇게 행사가 끝나고 꾸준히 방문해 주는 아이들에게 감동한 어르신들이 교회도 나오고 복음을 받아들이셨습니다. 이 행사의 담당자인 저에게 연신 고맙다고 해서 저는 아니라고, 우리 아이들이 진짜 사랑이 많고 대견하다고 말씀드렸습니다. 스승인 저보다 백 배, 천 배 더 뛰어난 제자들이라고 아이들을 마음껏 칭찬해 주었던 기억이 납니다.

저는 학교에서 학생들과 함께했던 이 '찾아가는 복음 서비스'를 앞으로 전도 연합팀 동역자들과 함께 해 나갈 생각입니다. 효도 잔치나 전도 축제도 하지만, 때로는 우리가 직접 복음을 들고 어르신 댁을 방문하는 것도 좋은 전도 방법이라고 생각합니다.

특히 전도 연합팀에는 아직 믿지 않는 부모님을 위해 기도하는 사람이 많습니다. 우선 연세가 많으신 어르신이 계신 가정부터 찾아가려고 합니다. 일손도 돕고, 즐겁게 해드리고, 맛있는 음식도 대접하고, 선물도 드리고, 노래도 불러 드리고, 안마도 해드리고, 발도 씻어 드리고, 용돈도 드리고, 마지막으로 복음도 전하는 서비스를 하고 싶습니다.

아직 믿지 않으시는 부모님에게 우리가 해드릴 수 있는 가장 최고의 선물은 복음을 전하는 것입니다. 예전에 어머니가 제게 해준 말씀이 있습니다.

"아들아, 정말 고맙다. 아들을 통해 예수님을 만나게 되었고 교회도 나가며 신앙생활하게 되었구나. 아들 통해 예수님 믿고 구원을 받아서 천국도 가게 되었구나. 우리 아들이 이 세상에 있는 효자 중에 가장 훌륭한 효자로구나. 고맙다 아들아."

이 땅의 모든 부모가 자녀에게 이런 고백을 하게 될 줄 믿습니다. 그렇게 될 때까지 쉬지 않고 꾸준히 부모님들을 찾아뵙고 예수님의 사랑과 복음을 전하려고 합니다.

일손도 돕고, 복음도 전하고

'찾아가는 복음 서비스'를 어떻게 시작할까 고민하던 중이었습니다. 우리 연합 전도팀 동역자 중에 부모님이 과수원을 운영하는 가정이 있다면, 한창 바쁠 수확철에 우리가 함께 가서 일손을 도와드리면 어떨까 하는 아이디어가 떠올랐습니다.

알아보니 사과, 배, 샤인머스켓 농사를 하시는 부모님과 밤을 일구는 부모님이 계셨습니다. 제가 이런 아이디어를 나누자 그중 한 명이 "안 그래도 바쁜 시기에 교회 청년들이 와서 도와주면 부모님이 참 고마워하실 것이고, 그때 복음도 전하면 좋을 것 같다고 기도하고 있었어요. 저희 부모님은 때마다 굿도 하시는 분들이라 항상 제 기도제목이었거든요. 정말 신기해요"라고 이야기해 주었습니다.

우리는 기도로 먼저 준비해서 가장 바쁜 시기에 찾아뵙고, 열심히 일을 도와드리기로 하였습니다. 먼저 간 곳은 밤이 있는 산이었습니다. 서울에 사는 대부분의 전도 연합팀 사람들이 충남 부

열혈 연합 전도왕

여군에 있는 밤산으로 모였습니다. 저는 어릴 적 할아버지, 할머니 댁 바로 앞이 밤산이라서 초등학교 때부터 거의 20년 가까이 밤을 주웠던 경험이 있었습니다. 그날의 기억을 떠올려 정말 열심히 도움을 드리려 노력했습니다. 우리 일차 목표는 부모님으로부터 "큰 도움이 되었어요. 교회 사람들 다 좋은 사람들이네요. 참 고마워요"라는 말을 듣는 것이었습니다. 그래야 그다음 단계인 기도도 해드리고 복음도 전할 수 있기 때문입니다.

낮 12시부터 열심히 밤을 줍기 시작했습니다. 날씨가 참 좋았는데 그만큼 햇볕도 뜨거웠습니다. 그래도 정말 탐스럽게 영근 알밤들을 발견하면 흥분이 되어서 얼른 까서 포대에 담아 넣었습니다. 대충 계산해 보니 2킬로그램에 15,000원 정도인데 보통 크기의 알밤이 100개 정도 들어가니 한 개에 150-200원인 셈이었습니다. 밤송이 한 개에 보통 밤이 세 개씩 들었으니 450-500원을 땅에서 줍는 것입니다. 이런 밤송이가 바닥에 10개 20개씩 떨어져 있으니 자연스럽게 흥분이 되었습니다. 그래서 쉬지 않고 주워 담았습니다.

그렇게 정신없이 밤을 줍는 동안 참 재밌는 일이 많이 벌어졌습니다. 한번은 옆으로 뭔가가 움직이는 것이 보였는데, 뱀이었습니다. 사람들에게 그쪽에 뱀이 지나가니 조심하라고 소리치자 모두 놀라워했습니다. 이번에는 큰 밤송이가 제 바로 옆으로 떨어졌습니다. 다행히 머리 위나 몸 위로 떨어지진 않아 다치진 않았습니다. 그런데 두 시간 동안 세 번이나 제법 큰 밤송이가 제 바로 옆으로 떨어져 가슴을 쓸어내린 기억이 있습니다.

　또 한번은 제가 왼발을 디딜 때 큰 물체가 갑자기 튀어 오르는 바람에 정말 놀랐습니다. 뱀인 줄 알았는데, 다시 보니 커다란 두꺼비 형님이었습니다. 땅 색깔과 똑같아서 전혀 눈치를 못 챘기에 얼마나 놀랐는지 모릅니다. 그렇게 땡볕에서 밤을 주워 포대 하나를 꽉 채웠습니다. 웬만큼 힘들어서는 힘들다는 소리를 안 하는 저인데, 두 시간을 내리 일하고 나니 "아이고, 아이고" 소리가 절로 나왔습니다.

열혈 연합 전도왕

노동 후에 먹는 점심은 세상에서 가장 맛있었습니다. 올해 먹은 밥 중에 최고로 맛있었습니다. 우리 멤버 중에 고기를 잘 굽는 형님이 있습니다. 그분이 구워 주는 삼겹살이 그야말로 꿀맛이었습니다. 어머님이 준비해 주신 반찬들이 어찌나 다 맛있던지 잊히지 않습니다.

밥을 맛있게 먹고 나서 또 한번 열심히 밤을 주운 뒤에 어두워지기 전에 크기별로, 온전한 것을 골라서 분류했습니다. 그리고 마지막으로 아직 예수님을 믿지 않으시는 아버님에게 우리가 준비한 선물을 드렸습니다. 그리고 이렇게 귀한 체험을 하게 해주셔서 감사하다는 인사도 드렸습니다. 그러면서 우리가 크리스천들인

데, 아버님의 건강과 하시는 모든 일이 형통하시길 위해 기도해도 되겠느냐고 여쭈었습니다. 그랬더니 아버님이 흔쾌히 허락해 주었습니다.

누구보다 그 아버님의 딸이 가장 놀라워했습니다. 아버지가 흔쾌히 기도받으실 분이 아니라는 것입니다. 우리 전도 연합팀이 전부 아버님을 둘러싸고 뜨겁게, 진심을 다해 기도를 드렸습니다. 기도 후 아버님의 얼굴을 보니 미소가 가득했습니다. 자매는 기도 받으시는 아버지의 모습에 너무 감격스러워서 눈물을 터뜨렸습니다.

한 주 뒤에는 또 다른 지체의 부모님 댁을 방문하였습니다. 사과, 배, 샤인머스켓까지 세 종류의 과일을 일구고 계시는 부모님의 과수원이었습니다. 우리가 한창 바쁠 때 왔다고 참 반갑게 맞이해 주었습니다. 유치원, 초등학생 아이들도 같이 갔습니다. 그 아이들을 모아서 트랙터에 태워도 주고 기계를 움직여서 높이 달린 배도 직접 딸 수 있도록 해주었습니다. 아이들이 얼마나 좋아했는지 모릅니다.

신문으로 감싸져 있는 배들 중에서 큰 배를 골라서 땄습니다. 묵직하게 익은 배를 두 손으로 감싸서 따는 농부의 기쁨을 충분히 공감할 수 있었습니다. 사과는 11월이 되어야 딸 수 있어서 지금은 열매를 솎는 작업을 했습니다. 사과는 가지마다 열매가 여섯 개씩 맺힌다고 합니다. 그중 가장 실한 열매 한 개를 제외하고 다섯 개를 없애는 작업을 해 줘야 우리가 먹을 수 있는 크고 맛있는 사과

Part 1 연합하는 우리는 전도 어벤져스

가 된다고 합니다. 부모님의 수고를 더더욱 느낄 수 있었습니다.

　마지막으로 샤인머스켓이 있는 비닐하우스에 갔습니다. 나무마다 주렁주렁 달려 있는 샤인머스켓을 조그마한 가위로 '톡' 하고 자르니 손에 '턱' 하고 들어왔습니다. 얇은 꼭지가 이 무거운 열매를 지탱하고 있었다는 사실이 신기했습니다. 샤인머스켓 또한 종이에 하나씩 감싸져 있었습니다. 일일이 박스를 조립하고 샤인머스켓을 투명 비닐에 넣어 포장하는 작업을 했습니다. 상자에 세 개씩 넣었더니 그제야 우리가 평소에 보는 상품성 있는 물건이 되었습니다.

　아이들과 어른들이 열심히 포장하고 있을 때, 한쪽에선 아버

님이 그동안 샤인머스켓을 재배하기 위해 어떤 노력을 했는지 말씀해 주었습니다. 우리는 아버님 말씀 한 마디 한 마디를 놓치지 않으려고 집중해서 들었습니다. 아버님은 우리가 진지하게 이야기를 듣자 너무 흐뭇해 하셨습니다. 과일을 수확하면서 우리는 배와 사과, 샤인머스켓을 마음껏 먹을 수 있었습니다.

우리는 아버님 어머님을 중심으로 동그랗게 둘러섰습니다. 그리고 두 분을 위해 축복송을 불러 드려도 되느냐고 여쭈어 보았습니다. 두 분의 자녀의 눈이 크게 흔들렸습니다. 아마 이런 경험은 처음이었기에 놀라는 눈치였습니다. 그러나 저는 확신할 수 있었습니다. 아버님이 흔쾌히 수락해 주리라는 것을요. 역시나 아버

님은 "네 괜찮습니다. 해주세요"라고 말씀해 주었습니다. 우리는 아버님 어머님을 향해 손을 뻗고 큰 소리로 축복송을 불러 드렸습니다.

더불어 우리가 아버님 어머님을 위해 축복기도를 해드리고 싶다고 말씀드렸더니 이번에도 아버님은 좋다고 하셨습니다. 의자를 준비하여 두 분을 앉히고 우리는 작은 원을 만들어서 둘러쌌습니다. 그리고 진심을 다해 두 분을 위해 기도해 드렸습니다. 축복송에 이어 기도까지 다 마치자 이번에도 두 분의 자녀가 너무너무 놀라워했습니다. 절대 기도 받으실 분들이 아닌데 저렇게 많은 크리스천들에 둘러싸여서 기도를 다 받으시다니, 놀라고 감격스럽다고 했습니다.

다음번 사과를 수확할 때 또 한 번 가서 도움을 드리려고 합니다. 그때는 축복송과 기도뿐만 아니라 복음까지 전할 수 있도록 지혜와 담대함을 달라고 기도하고 있습니다. 그리고 성령님이 역사하셔서 부모님이 모두 예수님을 구주로 영접하게 되시길 간절히 기도합니다.

'찾아가는 복음 서비스'로 이렇게 두 번의 수확을 도우러 다녀온 뒤 자녀들로부터 감사의 메시지를 받았습니다.

편지 1

오늘 너무 감사했습니다! 아빠가 저렇게 좋아하실 줄 몰랐는데, 아이들도 너무 예쁘고, 멀리까지 와서 과수원 칭찬도 해주니까 너무 좋으셨나 봐요. 교인들이 이렇게 찾아와서 기도해 주신 게 처음인데, 너무나 좋은 인상을 남겼을 것 같아요. 마지막에 기도도 너무 감동적이었어요. 감사합니다. 오늘 너무 고생하셨습니다.

편지 2

너무 감사합니다. 저희 부모님을 위해 마치 내 일처럼 도와주시고, 함께 기도해 주셔서 감사합니다. 먼 거리도 마다하지 않고 새벽부터 달려와 주신 그 마음에 감동을 받았습니다.

전도팀이 가고 난 후, 사랑이(손주)가 할아버지께 "오늘 좋았어요, 싫었어요?" 물어보더라고요. 미소 지으면서 "좋았다"고 얘기하시는 낯선 아빠의 모습을 보았습니다. 낯선 사람들이 오면 늘 도망가고 피하기 바쁘셨는데, 그 상황이 신기할 정도로 아빠가 편안한 마음이셨던 것 같아요. 아빠가 표현을 잘 하지 않으시지만 처음으로 사람들에게 기도도 받으시고, 큰 위로가 되셨던 것 같아요. 정말 모든 것이 감사입니다.

가족 구원도 **연합**하면 **된다**

눈물 콧물 감동의 도가니였던 효도잔치

연초에 예수님을 믿지 않으시는 부모님을 위한 기도제목을 나누었습니다. 그때 성령님이 부모님들을 위한 효도잔치를 열고 복음도 같이 전하면 좋을 것 같다는 생각을 주셨습니다. 그래서 '2024 부모님 효도잔치 & 새생명 축제'를 기획하고 기도하며 준비하게 되었습니다.

열다섯 가정이 참여하여 양가 부모님을 모시기로 하였습니다. 선물 준비부터 사진, 영상, 음향, 세족식, 현수막, 초대장, 장소 섭외 담당까지 모든 과정을 세분화하고 하나씩 기쁨으로 맡아 열심히 준비했습니다. 때때로 '과연 이 행사가 될까?' '부모님이 안 오실 것 같아' 하는 부정적인 마음이 들었지만, 그때마다 기도하면서 하나님이 계획해 주시고 성령님이 시행해 주신다는 확신을 가지고 나아갔습니다.

5월 11일, 어버이날이 있는 주 토요일에 부모님들을 모시고 행사를 시작했습니다. 부모님 스무 분이 오셨는데 이 중 열네 분이 예수님을 믿지 않았습니다. 믿지 않는 가족과 친척들까지 하면 초청된 분이 50명이 넘었습니다.

이분들을 위해 우리가 기도하며 준비한 공연을 하나씩 선보였습니다. 첫 공연은 개그맨 오지헌 님이 열어 주었습니다. 엄청난 개인기를 멋지게 선보였습니다. 말씀을 어찌나 재밌게 하는지 부모님들의 얼굴에 웃음이 가득했습니다. 이어서 김신의 형님이 부모님들을 위해 멋진 노래를 불러 주었습니다. 부모님들 중에 팬이 있어서 형님을 보러 온 분이 있을 정도였습니다. 또 춤을 정말 잘 추는 제자들이 특별히 복음송으로 개사한 트로트 곡에 맞춰 멋진 무대를 보여 주었습니다. 역시 트로트의 힘은 대단했습니다. 손주들의 무대도 준비했습니다. 바이올린을 잘 켜는 손자의 독주와 할머니 할아버지를 위해 열심히 준비한 손자 손녀의 율동 무대도 있었습니다. 다들 몸이 반쯤 앞으로 나와서 핸드폰으로 손자 손녀의 모습을 영상에 담았습니다. 그 기뻐하는 모습이 아직도 눈앞에 생생합니다.

공연을 마치고 부모님 발을 씻어 드리는 세족식을 진행하였습니다. 그동안 우리를 씻겨 주셨던 부모님의 발을 자녀인 우리가 무릎을 꿇고 씻겨 드리고 정성스럽게 수건으로 닦았습니다. 손자 손녀들은 어깨와 팔을 주물러 드렸고요. 그동안 이렇게 애써서 잘 키워 주심에 감사의 마음을 전하며 안고 볼에 뽀뽀해 드렸습니다. 부모님은 감격의 눈물을 흘리고, 자녀들도 낯선 부모님의 눈물을 보고 같이 울었습니다. 한동안 끌어안고 연신 서로의 등을 쓰다듬어 주는 모습을 보며 저도 눈물이 왈칵 쏟아졌습니다.

이 행사를 위해 졸업한 제자들 열 명이 와서 도와주었습니다. 한두 가정씩 전담하여 사진과 영상도 찍어 주고 안내와 식사 봉사까지 도와주어 얼마나 감사했는지 모릅니다. 봉사자들의 인솔로 배경이 좋은 네 곳에서 가족사진도 멋지게 찍어 드렸습니다. 모처럼 삼대가 모여 야외에서 가족사진을 찍었는데, 이런 사진을 처음 찍어 본다는 가족도 있었습니다. 너무나 좋아하시는 모습을 보며 행복하고 감사했습니다. 그 사진으로 액자와 달력을 만들어 드렸습니다.

실내로 장소를 옮겨 2부를 시작했습니다. 우리가 준비한 어버이에 대한 감사 노래로 시작했는데, 노래 중간에 울컥하는 분들이 있어서 눈물을 참느라 힘들었습니다. 그리고 부모님에게 미리 제작한 감사패를 드렸습니다. 우리를 이렇게 멋지게 성장할 수 있도록 잘 키워 주고 고생하셨음에 감사드렸습니다. 어버이상 감사패를 사진 혹은 문서 형식으로 제작하여 각 부모님에게 읽어 주고 전달해 드렸습니다. 쑥스러워하며 감사패를 받아든 부모님의 눈이

Part 1 연합하는 우리는 전도 어벤져스

촉촉해진 걸 볼 수 있었습니다.

제비뽑기로 선물을 추첨하는 시간도 마련했습니다. 백 퍼센트 당첨되는 뽑기라서 긴장감이 없을 줄 알았는데 선물 종류가 다양해서 그런지 부모님들이 엄청 진지하게 기대하는 모습이었습니다. 아이처럼 해맑게 웃고 기뻐하는 부모님들을 보며 '왜 진즉에 이런 행사를 하지 못했을까' 하는 반성까지 하게 되었습니다.

부모님에게 감사 편지를 읽어 드리는 시간도 있었습니다. 대부분 울컥하는 마음을 잘 참고 끝까지 읽었는데, 대형사고는 한 형제분이 읽을 때 터졌습니다. 그분이 편지를 읽다가 울음이 터졌는데, 그게 연쇄작용이 일어나 모든 분의 눈물샘을 터트려 버렸습니다. 그야말로 장내가 울음바다가 되었습니다. 사회를 보던 저마저 눈물이 계속 나서 뒤돌아서 눈물을 훔치기를 반복했습니다. 효도잔치 행사 중 가장 기억에 남는 감동적인 순간이었습니다.

편지 읽기가 끝나고 마지막으로 가장 중요한 순서가 기다리고 있었습니다. 바로 믿지 않는 부모님에게 복음을 전하는 시간이었습니다. 복음을 전하기에 앞서 실화를 바탕으로 만든 영화 "삼류 복서 아버지와 아들"을 보여 드렸습니다. 5분 정도 길이의 짧은 영상인데요, 영화에서 아버지는 아들을 만나는 날만을 기대하며 삼류 복서의 삶을 살아갑니다. 그러던 어느 추운 겨울, 아들과 얼음이 두껍게 언 연못에서 놀던 중 그만 얼음이 깨지면서 아들이 그 아래로 빠지는 사고가 생깁니다. 아버지는 아들을 구하기 위해 주저하지 않고 주먹으로 연못의 얼음을 깹니다. 손이 다 터져 피가 나는데도 개의치 않습니다. 뼈는 다 박살이 나 가루가 되었을 것입니다. 그러나 복서로서는 한 번도 이겨 보지 못한 그 주먹으로 아버지는 아들을 구합니다. 비록 아버지는 다시는 복서로 살 수 없을지 모르지만, 그 희생으로 아들이 살았습니다.

　　삼류 복서 아버지처럼 자신의 몸을 희생하신 예수님의 사랑을 부모님에게 전해 드렸습니다. 예수님은 우리의 죄를 사해 주시기 위해 수많은 채찍질을 당하셨습니다. 온몸의 살점들이 다 찢겨 나갔습니다. 십자가에 못 박히셨고 머리에는 가시면류관을 쓰셨습니다. 옆구리는 창에 찔리셨고 십자가에서 온몸의 물과 피를 다 쏟아 내셨습니다. 예수님이 우리를 구원의 길로 인도하기 위한 방법인 십자가의 사랑과 십자가에서 흘리신 피의 능력에 대해 말씀드렸습니다. 그리고 세상이 말하는 죽음과 성경에서 말하는 죽음에 대해서 설명해 드렸습니다. 세상은 심장이 멈추면 '죽었다'고 말하지만, 성경은 첫 번째 사망으로 육체와 영혼이 분리되고 나면 비록 육체는 썩어서 흙이 되더라도 영혼은 영원한 천국에 들어가게 된다고 말씀드렸습니다. 그러나 예수님을 믿지 않으면 영혼은 지옥에 가게 되고, 그것이 두 번째 사망이라고 설명해 드렸습니다.

　　한번 죽는 것은 사람에게 정해진 것이요 그 후에는 심판이 있으리니 히 9:27

그리고 영접기도로 마무리했습니다. 자녀들이 부모님의 손을 포개 잡은 뒤 뜨거운 눈물을 흘리며 부모님이 영접기도 하시는 것을 전심으로 도와드렸습니다.

'2024년 부모님 효도잔치 & 새생명 축제'는 성령님의 도우심으로 이렇게 아름답게 마무리되었습니다. 이번에도 국민일보 기자님이 현장에 오셔서 행사 내용을 생생하게 담아 기사로 내주셨습니다. 이 모든 것을 가능케 해주신 우리 하나님께 모든 영광과 찬양과 감사를 올려 드립니다.

카톡 사진을 보면 상대의 필요가 보인다

처음 효도잔치를 성공적으로 마치고 나자 눈에 띄는 분이 있었습니다. 부모님들을 모신 자리여서 자연스럽게 가족 단위로 모였는데, 그중에 예수님을 믿지 않는 형제님이 한 분 있었습니다. 동생인 자매가 우리 연합 전도팀 동역자인데, 효도 잔치를 기획할 때부터 오빠 이야기를 하며 고민을 나눴습니다. 함께 오면 좋겠는데, 행사에 부모님은 오셔도 오빠는 절대 오지 않을 거라고 아예 처음부터 명단에도 올리지 않았습니다. 우리는 여러 아이디어를 공유했습니다.

"오빠에게 운전을 하라고 하자. 부모님을 모시고 함께 오면 참여하지 않을까?"

"아마 오빠는 부모님만 내려 주고 돌아가거나 차에서 기다릴 걸요?"

우리는 자매의 오빠를 위해 함께 기도하기로 했습니다. 감사하게도 그 자매는 믿음이 참 좋았습니다. 부모님과 오빠를 위해 바로 다음 날부터 행사 전날까지 두 달 동안 한 번도 빠지지 않고 새벽기도를 나갔습니다. 그리고 마침내 행사 날이 되어 하나님은 자매의 믿음의 기도에 응답해 주셨습니다. 오빠가 부모님과 함께 행사 자리에 와 준 것입니다.

우리는 자매의 오빠가 어떻게 그 자리에 왔는지 알았기에 너무나 반가웠습니다. 자매의 오빠는 부모님을 위해 어버이 노래 부를 때도 앞에 나와서 같이 불렀고, 부모님 위해 큰절을 할 때도 나와서 함께하였습니다. 마지막 순서로 제가 복음을 전하는 자리에도 끝까지 앉아서 다 듣고 인사까지 나누었습니다. 부모님도 부모님이지만 오빠가 이렇게 모임에 처음부터 참석하고 끝까지 있었다는 사실에 자매는 기적 같다며 정말 좋아했습니다.

며칠 뒤 김신의 형님이 춘천에 전기자전거를 타러 가자고 했습니다. 가려고 준비하는데 기도 중에 갑자기 그 형제님이 생각났습니다. 그래서 자매에게 "혹시 오빠분 자전거 타는 거 좋아하시면 같이 가자고 말씀드려 주세요" 하고 연락했습니다. 자매는 오빠가 낯을 많이 가려 절대 안 갈 거라고 하면서도, 일단 이야기해 보겠다고 했습니다.

며칠 후에 자매에게 연락이 왔습니다.

"선생님, 우리 오빠가 그날 자전거 타러 간대요! 진짜 기적 같아요!"

떨리지만 기쁜 목소리였습니다. 저도 반갑고 놀라서 자초지종을 물었더니, 효도잔치 행사에 참여하고 얼마 뒤에 오빠가 힘든 일을 겪게 되었답니다. 그러자 자매에게 연락해서는 "내가 지금 힘든 상황인데, 이렇게 되고 보니 그때 효도잔치 때 들었던 하나님에게 기도하게 되더라. 오빠 좀 도와줘"라고 했다는 것입니다. 마침 그때 자전거 일정이 생각나서 오빠에게 "좋은 사람들과 함께 자전거라도 타러 가서 머리도 식히고 이야기도 나눠 보는 게 어때?"라고 물었고, 오빠가 흔쾌히 간다고 했답니다.

그 말을 듣는 순간 '성령님이 역사하고 계시는구나'라는 확신과 함께 감사기도가 나왔습니다. 그리고 '이 형제님에게 어떻게 도움을 드릴 수 있을까?' 하고 기도하기 시작했습니다. 먼저 이렇게까지 마음 문을 열어 준 형제님에게 감사했습니다.

형제님에게는 자연스럽게 형님이라고 부르게 되었습니다. 안타깝게 당일 비가 와서 춘천 자전거 여행 대신에 한탄강으로 하이킹을 가게 되었습니다. 가고 오는 차 안에서, 아름다운 한탄강 주상절리 길을 걸으며, 카페에서, 식사하며 많은 이야기를 나누었습니다. 진심이 가득한 우리의 모습을 보고 형님도 마음의 문을 활짝 열고 허심탄회하게 이야기를 나눠 주었습니다. 처음에는 팔에 새긴 뱀 문신과 조금 무서운 옷차림에 긴장했지만, 이야기하는 동안 그런 것은 안중에도 없게 되었습니다. 중간중간 아름다운 이 만남을 간직하고 싶어서 사진도 찍고 영상으로도 담았습니다. 평소에 형님이 사진 찍는 것을 싫어한다고 해서 정말 최소한만 찍었는데, 사진을 찍을 때마다 포즈를 멋지게 취해 주어서 감사했습니다.

여행을 마치고 돌아가는 차 안에서 제가 형님에게 "형님 카카오톡 프로필 사진 봤습니다. 볼링 좋아하시나 봐요?"라고 여쭈었습니다. 그랬더니 동호회 활동을 한다고 했습니다. 반가운 마음에 "우리 팀과 함께 형님 이름을 걸고 '제1회 ○○○배 볼링대회'를 개최하면 어떨까요?" 하고 여쭈었습니다. 처음에 무척 쑥스러워했지만 웃으며 알겠다고 기쁘게 수락해 주었습니다. 이런 소식을 자매에게 나눴더니 이렇게 연락이 왔습니다.

"아멘 아멘! 오빠도 누군가에게 관심받고 사랑받는 존재라는 걸 느낄 수 있는 시간이 될 것 같아서 아침에 톡 올려 주신 것 보고 눈물이 나더라고요. 감사합니다. 기도 더 열심히 할게요!"

이 모든 과정은 사실 전적으로 성령님의 이끄심이었습니다.

'제1회 ○○○배 볼링대회' 일정을 우리 전도 연합팀 카톡방에 공지하고 "참석 가능한 분들 댓글 달아 주세요" 하고 글을 올렸습니다. 속속 구성원이 꾸려졌습니다. 그렇게 형님은 태어나 처음으로 주일에 교회에 나왔고, 예배에도 참석했습니다. 며칠 전 제가 목사님에게 형님에 대하여 말씀드렸더니, 특별히 예수님이 십자가에서 흘리신 보혈에 대하여 설교해 주었습니다. 설교 후에는 영접기도까지 인도해 주었습니다. 하나님께 얼마나 감사드렸는지 모릅니다.

각자 교회에서 주일 예배를 드린 후, 스무 명이 넘는 사람이 형님과 함께 볼링을 치려고 모였습니다. 형님은 주일에 가시면류관 쓰신 예수님의 얼굴이 크게 그려진 옷을 입고 왔습니다. 저도 그런 옷을 입어 본 적이 없는데, 이 옷을 특별히 구해 교회 온다고 입고 와 준 형님의 센스에 감격하며 정말 즐겁게 웃었습니다.

볼링을 다 같이 즐겁게 치고 나서 제가 형님에게 또 어떤 운동을 좋아하고 잘하시냐고 물었더니 배드민턴이라고 했습니다. 그래서 "다음 달은 제2회 ○○○배 배드민턴 대회를 열겠습니다"라고 말했더니 좋다고, 고맙다고 해주었습니다. 다음 달에 우리는 진짜 배드민턴 대회를 열었고, 볼링 때보다 더 많은 인원이 참여했습니다. 우리 전도 연합팀은 한 사람도 빠짐없이 형님을 위해 아침저녁으로, 시시때때로 기도했습니다. 자매를 통해 들은 이야기로는, 형님이 자기를 위해 이렇게 많은 사람이 모이고 사랑을 베풀어 준 것이 너무 감사하다고 고백했다고 합니다.

그 후 형님은 매주 교회에도 나가게 되었습니다. 6주 새가족 교육도 받고, 자신이 죄인임을 고백하고 예수님을 구주로 영접하는 영접기도까지 했습니다. 이제는 자신의 연약한 부분을 위해 중

보기도를 요청하며 우리 전도 연합팀 단톡방에 스스로 글을 써 올릴 정도가 되었습니다. 예수님을 처음 믿을 때 하나님이 기도를 잘 들어주신다는 얘기를 듣더니, 형님은 자기에게 기도제목을 많이 보내라고 했습니다. 단톡방에 "형님이 기도해 주신다고 해요. 기도제목 보내세요"라고 했더니 공개적으로 이야기했다며 부끄러워하는 형님의 모습이 너무나 멋져 보였습니다. 제 눈에도 이렇게 멋진데 하나님 보시기엔 얼마나 아름다울까요. 그런 생각을 하면 설레기까지 합니다.

형님이 침례받으시던 날, 그 감격을 동생인 자매가 몇 자 적어 보내 주었습니다.

어제 저희 오빠 침례식에 함께해 주신 분들, 또 멀리서 마음으로 함께해 주신 모든 분께 다시 한번 진심으로 감사드립니다. 늘 꿈꿔왔던 순간인데 너무 행복하면 이 순간이 달아나 버릴 것만 같은 두려움에 어제는 온전히 행복해하지 못했던 것 같아요. 그만큼 꿈만 같은 시간이었어요.

저로부터 시작된 가족 구원이 어제 오빠를 끝으로 20여 년 만에 이루어졌습니다. 저희 가족이 모두 구원에 이르기까지 너무나 많은 시련과 아픔들이 있었지만, 하나님은 결국 이뤄 내셨습니다. 오빠로 인하여 많은 시간 좌절하고 포기하고 싶었던 때가 많았지만 하나님은 한 영혼의 구원을 가장 기뻐하심을 다시 한번 깨닫습니다.

늘 하나님을 부정했던 오빠에게 찾아오신 예수님을 찬양합니다. 끝도 보이지 않던 절망 속에서 중보기도로 함께하여 주신 전도 연합팀에 너무나 감사드립니다. 새삼 중보기도의 힘이 얼마나 큰지 실감했습니다. 받은 은혜 감사하며 더욱더 섬기겠습니다. 아직 믿지 않는 가족을 두고 계신 분이 많은데, 하나님은 결국 이루십니다. 때가 이르면 정말 말도 안 되게 갑자기 이루시는 하나님을 믿고 끝까지 포기하지 말고 함께 기도해요.

자녀를 위한 최고의 유산

전도 연합팀은 단톡방이 있습니다. 거기에는 매일 아침 읽어야 할 성경 본문(하루 세 장의 말씀)과 말씀 묵상, 암송 구절(하루 한 구절)이 올라옵니다. 그러면 동역자들이 성경을 읽고 녹음된 파일이나 어느 부분 읽었는지 표시한 것을 올립니다.

저는 성경을 읽을 때 되도록 자녀들과 같이 읽어서 녹음한 뒤 올립니다. 말씀 암송도 아이들과 같이합니다. 지금 이렇게 외우는 말씀 하나하나가 아이들의 가슴팍에 새겨져서 평생의 삶을 옳은 주의 길로 인도해 주리라 믿기 때문입니다.

그뿐만 아니라 저는 전도 현장, 복음을 전하는 현장에 늘 아이들과 동행합니다. 연탄 봉사하며 할아버지를 전도하고, 부모님을 초청해 효도잔치하고, 보육원 아이들과 함께하며 예수님의 사랑을 전했던 현장 등에 우리 아이들이 함께했습니다. 말로만 가르치지 않고, 부모가 직접 그 일을 하는 모습을 보여 주고 함께하면 자녀의 삶에 저절로 스며들게 된다고 믿습니다.

지혜 있는 자는 궁창의 빛과 같이 빛날 것이요 많은 사람을 옳은 데로 돌아오게 한 자는 별과 같이 영원토록 빛나리라 단 12:3

초등학교 3학년인 예찬이, 1학년인 예은이는 9시쯤 일찍 잠

자리에 듭니다. 잠들기 전 우리 가족이 다 같이 하는 일이 있습니다. 바로 감사제목을 적고 예배로 마무리하는 것입니다. 감사제목은 적어도 열 개를 쓰고 나눕니다. 처음에 아이들은 어떻게 열 개나 적느냐며 힘들어했지만, 이제는 15개, 16개도 거뜬히 적습니다. 그렇게 감사제목을 나누다 보면 오늘 아이들이 학교에서, 일상생활에서 무슨 일을 했는지, 그때 감정이 어땠는지 자연스럽게 알 수 있습니다. 감사제목을 나누고 잘 들어 주다 보면, 아이들과 부모가 소통하는 현장이 됩니다.

감사제목을 나눌 때 3단계가 있습니다. 1단계는 아이를 한 명씩 품에 꼭 안아 주는 것입니다. 부모의 따뜻한 온기가 아이에게 전달될 만큼 꽉 그리고 충분히 안아 줍니다. 이러면 아이는 자기가 부모에게 사랑받는 존재, 존귀한 존재라는 것을 저절로 알게 됩니다.

2단계는 눈을 마주치고 따뜻하게 미소 짓는 것입니다. 그럼 아이도 덩달아 해맑게 따라 웃게 됩니다. 웃는 아이의 얼굴은 천사와 같습니다. 이때 등도 쓰다듬어 주고 엉덩이도 토닥토닥 해줍니다. 우리 아이들은 그럴 때마다 더 토닥거려 달라며 엉덩이를 쭈욱 하고 내미는데, 그런 귀여운 모습을 볼 때마다 부모로서 너무나 큰 행복을 느낍니다. 나중에는 서로 먼저 품에 안겨서 말하고 나누려고 귀여운 다툼이 생길 정도가 됩니다.

3단계는 "어이구" "그랬어?" "좋았겠네" "정말 신났겠는데?" "속상했겠다" 등 공감하는 말들과 함께 맞장구를 치며 이야기를 잘 들어 주는 것입니다. 아이는 부모가 자기 이야기를 잘 들어 주면 세상 무엇보다 좋아하고 행복해합니다. '우리 부모님은 내 이야기를 항상, 언제나 잘 들어 주셔'라고 인식되면 부모와 자녀의 관계는 최고가 됩니다. 그러면 아이들은 이 느낌을 그대로 가지고 하나님 아버지 앞으로 나아가 교제하게 될 것입니다.

아빠와 엄마도 감사제목을 나눕니다. 그러면 아이들이 집중해서 들어 줍니다. 아이들이 우리 부모님이 나와 우리 가족을 위해 어떤 일을 하는지 자연스럽게 깨닫고 느끼게 됩니다. 거기에서 존경하는 마음도 싹틉니다.

이렇게 감사제목을 다 나누고 나면 찬양을 부르고 돌아가며 말씀을 읽습니다. 잠언이나 복음서를 읽기도 하고, 축복의 말씀이 가득한 신명기 28장 1-14절, 신명기 6장 1-13절을 읽기도 합니다. 축복의 말씀이 항상 우리 아이들과 함께하기를 바라는 마음으로 저는 아이들에게 이 말씀들을 암송하게 했습니다. 말씀 읽기까지 마치면 아이들 머리 위에 손을 얹고 축복기도를 해줍니다. 그렇게 주기도문으로 마무리하고 굿나잇 키스를 주고받고 나서야 아이들은 잠자리에 듭니다.

저는 감사노트에 감사제목을 매일 스무 개 이상 씁니다. 처음에는 열 개만 쓰자 마음먹고 시작했는데, 쓰다 보니 어느새 스무 개를 넘겨 버렸습니다. 하루를 감사로 시작해서 감사로 마무리하는 삶을 살게 해주신 하나님께 모든 찬양 감사와 영광을 올려 드립니다.

말씀과 함께하고 기도하며 주님의 은혜와 사랑을 마음껏 누리기 바랍니다. 흘러넘치는 사랑과 축복으로 복음 전하는 값진 삶, 아름다운 삶을 살기를 바랍니다. 그리고 우리 자녀들이 이런 삶을 살도록 최고의 유산인 신앙을 유산으로 물려주기를 바랍니다. 저역시 이 일을 위해 최선을 다할 것입니다.

동역자의 자녀도 내 자녀처럼 사랑으로

저는 우리 전도 연합팀 동역자들을 정말 가족같이 아끼고 사랑합니다. 그렇기에 그들의 자녀들도 내 자식만큼 사랑합니다. 특히 수학 교사로서 예찬이, 예은이에게 수학을 가르치는 것처럼 우리 전도 연합팀 동역자들의 자녀에게도 가르쳐 주고 싶었습니다. 그래서 한 번씩 그들의 집으로 방문하여 자녀들의 수학을 봐주고 있습니다.

수학 교사가 직업이기에 제게 이런 일은 전혀 힘들지 않고 재미있는 일입니다. 오히려 제가 가진 달란트로 사랑하는 사람들의 자녀에게 수학을 쉽고 재밌게 알려 줄 수 있어서 감사할 뿐입니다. 1대 1 컨설팅을 통해 아이들 수학 성적이 많이 올랐다는 이야기를 들었습니다. 무엇보다 수학에 흥미와 자신감이 생겨서 재밌게 공부한다는 소리를 들을 때 정말 행복합니다.

이번 여름방학을 맞이해서 또 우리 동역자들의 자녀에게 무언가를 해주고 싶었습니다. 기도 중에 효율적인 방법이 생각났습니다. 바로 아이들을 한곳으로 모으는 것입니다. 먼저 장소를 고민했습니다. 처음 생각난 장소가 우리 집이었고, 아이들이 많으니 북카페도 좋을 것 같았습니다. 그러다가 기도 중에 가장 좋은 장소가 떠올랐습니다. 그동안 하나님의 은혜로 5년간 교감으로 근무하던 학교를 잘 마무리하면서, 새로 생긴 기독교 대안학교 혁신영재사관학교로 근무지를 옮기게 되었는데, 개학하기 전까지 이 학교 교실이 비어 있을 것이 분명했습니다. 이사장님에게 자초지종을 설명하니 흔쾌히 장소를 사용할 수 있게 해주셨습니다.

우리는 이곳에 자녀들을 다 모아 'Big5 여름캠프'를 열기로 했습니다. 학부모들과 학생들이 가장 원하는 여름 캠프 중에 상위 다섯 가지를 뽑은 것인데요, 수학캠프, 영어캠프, 독서캠프, 성경캠프, 운동캠프입니다. 아이들은 방학기간 3-4주 동안 월-금 오전 9시-오후 7시까지 이 'Big5 여름캠프'에 참여할 생각으로 들떠 있었습니다.

수학은 제가 직접 초등 1, 2, 3학년, 초등 4, 5, 6학년, 중등부, 고등부 네 개 교실로 나누어서 수업을 진행했습니다. 모든 수업 때마다 1대 1 맞춤식으로 가르쳤습니다. 영어는 학원 두 곳을 운영하는 영어 전문가 원장님을 모셨습니다. 독서캠프에는 《오케팅》의 저자 오두환 대표님(혁신영재사관학교 교장)이 직접 독서 교육을 해주

열혈 연합 전도왕

었습니다. 도서관에 가서 책도 마음껏 읽고, 쓰고 발표하는 시간으로 채워 주었습니다. 그리고 성경캠프는 좋은 목사님을 모셔서 아이들이 잠언과 시편 말씀을 읽고, 암송하고, 묵상하게 했습니다. 마지막으로 운동캠프는 배드민턴 국가대표 상비군 출신의 체육 선생님이 오셔서 아이들에게 배드민턴을 직접 가르쳐 주었습니다. 운동을 정말 좋아하는 저와 함께 줄넘기도 하고, 농구, 풋살, 계주 등도 날마다 했습니다.

그밖에 토요일을 활용하여 박물관도 가고 서울대, 연세대, 고려대, 이화여대 등 캠퍼스 견학도 다녀왔습니다. 올림픽 공원에 가서 푸른 잔디 위에서 마음껏 뛰어놀고 공놀이도 하고 왔습니다. 성수동에 가서 우리 문화 체험도 하고, 남양주 빠지에 가서 신나게 물놀이도 하고 왔습니다. 주중에 다 같이 열심히 공부하고 토요일엔 아이들이 가장 하고 싶은 순서대로 좋은 경험을 하도록 했습니다.

우리 전도 연합팀은 예수님의 보혈의 능력으로, 복음의 힘으로 하나로 묶인 사랑의 연합입니다. 복음으로 연합하여 혼자 할 수 없는 주의 일들을 함께하게 하신 하나님께 감사와 찬양과 영광을 올려 드립니다. 그렇기에 저는 제가 할 수 있는 모든 것을 다 동원하고 끌어내서 우리 전도 연합팀 동역자들과 자녀들을 최선을 다해 섬길 것입니다.

두려움을 뒤집어엎어라

하나님이 손수 만드신 전도 연합팀

사실대로 말하자면 전도 연합팀은 제가 기획해서 만든 것이 아닙니다. 정말 단 0.00000001퍼센트도 제가 생각하거나 계획하지 않았습니다. 전도 연합팀은 하나님이 만들어 주신 선물입니다. 영어 문법에 나오는 수동태처럼, 이 모임은 하나님에 의해 만들어져서 계속 연합하게 하셨습니다.

물론 우리가 처음 모인 것은 전도를 위해서가 맞습니다. 하지만 일회성이었지 이렇게 꾸준하게 계속 모여 다양한 프로젝트를 성사시키고 전도하게 될 줄은 사실 저도 몰랐습니다. 전도하기 위해 계속 모이는 중에 성령님이 "이 지체들과 전도 연합팀을 이루어 함께 전도하라"고 하셔서 순종했을 뿐입니다. 그러니 이 전도 연합팀을 기획하신 분도 하나님이요, 동역자를 보내 주신 분도 하나님이고, 지금까지 유지하신 분도 하나님입니다. 만약 이 일들을 제가 기획하고 진행했다면 이런 다양한 전도 행사, 축제들을 생각도, 시도도 못했을 것입니다. 그리고 이런 엄청난 동역자와 함께할 수도 없었을 것입니다. 일을 만들어 가시는 하나님께 진심으로 감사드립니다.

이 전도 연합팀의 처음은 홍콩에서 시작되었습니다. 감사하게도 제가 국민일보에서 주관하는 국민미션어워드에서 전도상을 2년 연속으로 받게 되었습니다(2023-2024년). 2023년에 국민미션어워드 각 분야 수상자에게 홍콩 선교여행(홍콩을 통해 흘러간 중국 복음)을 가는 특전이 주어졌습니다. 특히 저는 홍콩에 실물 크기 노아의 방주가 있는데 그곳을 간다는 말에 너무나 설레었습니다(제 유튜브 채널 '행복한 전도의 삶 TV'에서 '노아의 방주'를 검색하면 그때 제가 찍은 노아의 방주 외부와 내부 영상을 볼 수 있습니다.)

그렇게 설렘을 가득 안고 기도로 준비하고 있을 때입니다. 그때 하나님이 제게 "홍콩에서 만남의 축복을 줄게"라는 말씀을 들려주셨습니다. 주님이 확실하게 이렇게 말씀하셨으니 저는 의심하지 않았습니다. 어떻게 이루어 주실지 설렘과 기대를 가득 안고 기다렸습니다.

하루 일정을 마치고 숙소에 들어가는데, 제 룸메이트가 들어왔습니다. 저는 그날 몽니의 김신의 형님을 처음 만났습니다. 우리는 3박 4일간 같은 방에서 지냈습니다. 유명한 연예인과 룸메이트가 되어 함께 지낸다는 사실이 좋기도 했고 떨리기도 했습니다. 저는 이분이 낯설지 않게 잘 섬겨 드려야지 하는 생각밖에 없었습니다. 외모부터 멋짐이 뿜어져 나오고, 행동 하나하나가 다 신기하게 보였습니다. 저보다 조금 형님이신 걸로 들었는데 훨씬 더 젊어 보여서 사실 놀랐습니다.

제가 침대에서 '컬러노트'라는 어플을 이용해 휴대전화에 감사제목을 적고 있었는데, 그때 샤워를 마치고 나온 김신의 형님이 "병호 씨 뭐 하세요?"라고 말을 걸어 주었습니다. 그래서 제가 그동안 하던 것을 설명해 주었습니다.

"저는 자기 전에 그날 감사제목을 열 가지 이상 적어요. 그걸 아내와 아이들과 나누고 축복기도 하고 잠을 자요. 그래서 폰 메모장에 오늘 있었던 일 중에 감사제목들을 적고 있었습니다."

제 얘기를 듣고 김신의 형님이 "와! 정말 좋은 습관이네요. 그거 오늘은 저도 같이 해도 될까요?"라고 했습니다. 사실 저는 그날 홍콩에 온 첫날이라 형님이 피곤할 것 같아 편하게 쉴 수 있도록 되도록 말을 걸지 않으려고 했는데, 이렇게 감사제목을 함께 나누자고 먼저 요청해 주니 기쁘고 반가웠습니다.

그렇게 그날 밤 우리는 서로의 감사제목을 적고 나누며 이야기를 나누었습니다. 사실 직업이 연예인이면 처음 만난 사람에게 개인적인 이야기를 나누기 쉽지 않았을 텐데, 김신의 형님은 감사하게도 저를 믿고 마음속 깊은 이야기를 해주었습니다. 물론 저도 진심을 다해 진솔하게 이야기를 나눴습니다. 하나님을 어떻게 만났고, 어떤 놀라운 은혜를 체험했는지 기쁜 맘으로 나누었습니다. 우리는 여기서 서로 나눈 이야기는 하나님 앞에서 기도할 때만 말하는 것으로 하자고 약속했습니다. 참 은혜의 시간이었습니다. 그렇게 몇 시간 동안 밤이 맞도록 이야기를 나누었습니다.

둘째 날에도 우리는 차에 나란히 앉아 이동하면서 여러 이야기들을 이어 갔습니다. 주변 분들이 한국에서부터 아는 사이였느냐고, 어떻게 이렇게 친하냐고 물어보기도 했습니다. 그날도 우리는 일정을 마치고 숙소로 돌아와 하나님이 베풀어 주신 사랑과 은혜에 관해 나누기 시작했습니다. 나눌 이야기가 얼마나 많은지 저희도 참 신기했습니다. 그런데 갑자기 김신의 형님이 이렇게 이야기하는 겁니다.

"병호야, 우리 이제 형님 동생 할래?"

그 감미로운 목소리로 어찌나 멋지게 말하던지, 마치 드라마의 한 장면 같았습니다. 순간 성령님이 제 마음속에 '홍콩에서 있을 만남의 축복이 바로 김신의 형제란다' 하는 감동을 주셨습니다. 그 순간 얼마나 감사했는지 모릅니다. 그리고 형님에게 바로 이렇게 이야기했습니다.

"마치 복숭아나무 아래에서 유비, 관우, 장비가 형제의 의를 맺은 것처럼, 우리는 이곳 홍콩에서 형제의 의를 맺게 되었네요.

정말 영광입니다."

그때부터 신의 형님과 저는 하나님이 보혈의 능력으로 묶어 주신 의형제 사이가 되었습니다.

마침 홍콩 선교여행에 예수님을 믿지 않는 분이 한 분 있었습니다. 여행 마지막 날 다 같이 카페에 갔는데, 성령님이 예수님 믿지 않는 분에게 복음을 전하라는 마음을 강하게 주셨습니다. 그때 자연스럽게 네 명이 한 자리에 앉게 되었는데, 한 분이 신의 형님이고, 한 분이 예수님을 믿지 않는 분이고, 또 한 분이 대한민국 국가조찬기도회 나현정 과장님이었습니다. 신의 형님을 제외하고는 두 분과는 거의 얘기를 나눈 적이 없었는데, 마지막 날 이렇게 한 자리에 앉게 된 것입니다.

예수님을 아직 믿지 않는 분의 이야기를 우리 셋은 정말 마음을 다해 들었습니다. 마치 사전에 의논하고 계획했던 것처럼 우리 세 명이 그분에게 복음도 자연스럽게 전했습니다. 신의 형님은 여의도침례교회에서 매주 수요찬양을 인도하는데, 그때 오시라 권했습니다. 그러고 한국에 와서 약속한 대로 그분과 함께 찬양 예배에 갔습니다. 그분의 집은 교회까지 꽤 먼 거리였는데도 배우자와 함께 왔습니다. 특별히 그날 신의 형님이 축복송 두 곡을 준비해서 찬양팀과 함께 불러 주었습니다. 찬양도 같이 열심히 부르고 말씀도 잘 듣던 중에 두 분이 예수님을 인격적으로 만나길 중보기도하면서 예배를 드렸습니다.

예배를 마치고 홍콩에서의 그 네 명의 멤버가 한자리에 모여 다시 한번 즐거운 시간을 보낼 수 있었습니다. 두 분에게 예수님이 구원자이심을 설명해 드리며 복음을 한번 더 그 자리에서 전했습니다. 집 근처 교회를 다니겠다고 해서 우리는 기쁜 마음으로 두 분을 보내 드렸습니다.

"이렇게 우리 세 명이 모여서 복음을 전하니까 뭔가 되는 것 같아. 성령님이 우릴 통해 놀랍게 역사하고 계심이 느껴져!"

신의 형님이 이렇게 말했습니다. 바로 이 모임이 우리 전도 연합팀이 함께한 첫 모임이자 시작이었습니다.

그 뒤로 각기 다른 교회를 다니는 사람들과 가정들이 매달 정기적으로 복음 전파와 전도를 위해 연합해서 모이게 되었습니다. 이렇게 많은 가정이 모일 줄 몰랐고, 전국 각지에서 모일지도 몰랐습니다. 하나님이 이 모임을 만들어 주시고 이만큼 성장시켜 주셨기에 감사드릴 것밖에 없습니다.

한번은 매달 이 모임이 진행되는 것을 보고 신기하여 하나님께 기도했더니 성령님이 그러셨습니다.

"병호야, 내가 너의 중심을 보았다. 기회를 얻든지 못 얻든지 어떻게든 복음을 전하려는 너의 마음을 보았다. 그런데 병호가 혼자 하면 소총이나 따발총이지만 이렇게 아름다운 사람들과 여러 가정과 연합하면 어마무시한 핵폭탄이 된단다."

너는 말씀을 전파하라 때를 얻든지 못 얻든지 항상 힘쓰라 범사에 오래 참음과 가르침으로 경책하며 경계하며 권하라 딤후 4:2

우리 전도 연합팀 동역자들은 성령의 능력으로 연합하고 충성하여 복음을 죽도록 전하기로 결단했습니다.

보라 형제가 연합하여 동거함이 어찌 그리 선하고 아름다운고 시 133:1

이 말씀처럼 평생 전도로 하나가 되어 연합하고 싶습니다. 복음이라는 울타리 안에 거하는 한 가족이 되어 예수님을 전하는 일

열혈 연합 전도왕

에 죽도록 충성하는 아름다운 전도 연합팀이 되고 싶습니다.

전도 연합팀으로서 발을 뗀 지 이제 1년이 조금 넘어가고 있습니다. 지난 1년 동안 부족한 우리를 통해 하나님이 행하신 일들을 보면 놀랍기만 합니다. 하지만 이제 시작임을 압니다. 앞으로 우리 전도 연합팀을 통해 얼마나 많은 영혼이 살아나고 교회가 살아날지 생각하고 기도하면 벅찬 감동이 몰려옵니다. 그저 우리는 기도하며 주님의 말씀하심에 귀 기울일 것입니다. 그렇게 인도하심에 대해 설렘과 기쁨으로 화답할 것입니다. 사실 우리가 하는 일은 감사함으로 순종하며 전심으로 준비하는 것뿐입니다. 나머지는 성령님이 놀랍게 역사하십니다.

하나님 말씀하시면 무조건 고(GO)!

무슨 일을 시도하고 있습니까? 그렇다면 두려움이 없어야 합니다. 두려움이 엄습해 올 때 성령님이 주신 담대한 마음을 가지고 예수님의 이름으로 두려움을 물리쳐야 합니다. 마음에 두려움이 가득하고 부서져서 가루가 되어 있을 때 성령님이 일하시는 것을 한 번도 경험해 보지 못했기 때문입니다.

하나님이 우리에게 주신 것은 두려워하는 마음이 아니요 오직 능력과 사랑과 절제하는 마음이니 딤후 1:7

내가 네게 명령한 것이 아니냐 강하고 담대하라 두려워하지 말며 놀라지 말라 네가 어디로 가든지 네 하나님 여호와가 너와 함께하느니라 하시니라 수 1:9

저는 스포츠를 좋아합니다. 특히 축구와 야구를 좋아하는데요, '끝날 때까지 끝난 게 아니다'라는 말이 스포츠에 아주 적절하게 적용됩니다. 축구는 연장전에 추가시간까지 알차게 사용해서 얼마든지 골을 넣고 승패를 뒤집을 수 있습니다. 야구도 9회 말 2아웃부터라는 말이 있듯이, 언제든 안타와 홈런으로 경기를 뒤집고 승리할 수 있습니다.

그래서 저는 이것을 스포츠뿐만 아니라 현실에서도 그대로 적용하는 것을 아주 좋아합니다. 일명 '뒤집어엎어라'입니다. 그냥 단순하게 뒤집어엎으면 됩니다. "두려움을 뒤집어엎어라. 두려움을 뒤집어엎어서 강하고 담대함으로, 두려움을 뒤집어엎어서 사랑과 능력과 절제하는 마음으로"가 제 삶의 모토입니다.

전도 연합팀 사람들이 신기해하는 것이 두 가지 있습니다. '어떻게 이렇게 큰 행사가 말로 선포한 대로 시행되는가?' 그리고 '어떻게 매번 현장에 성령님의 놀라운 역사가 일어나는가?'입니다. 해답은 단순합니다. 두려움이 생기거나 안 될 것 같단 생각이 조금이라도 내 안에 꿈틀거리면 일단 다 멈추고 기도합니다. 그런 것들이 조금이라도 있을 때 어떤 일을 결정하거나 시행하면 대부분 성공하지 못했거나 완벽하게 성취한 적이 없었습니다. 일명 불발탄이고 실패이지요.

그럴 땐 디모데후서 1장 7절 말씀과 여호수아 1장 9절 말씀에 의지하여 기도합니다. 언제까지 기도하면 될까요? 두려움과 안 좋은 생각이 티끌만큼도 내 안에 없을 때까지 기도합니다.

그리고 저의 영원한 은사님, 수영로교회 정필도 원로목사님의 말씀을 통해 제 삶에 정말 좋은 습관을 하나 가지게 되었는데요, 기도 중에 성령님이 너무나 명확하고 선명하게 주신 아이디어나 생각은 재지도 따지지도 말고 무조건 "GO!" 하는 것입니다. 성령님이 주신 아이디어이고 성령님의 임재 가운데 든 생각인데 잴 필요가 없지 않습니까? 오히려 재는 사람이 멍청이요 바보이기에 바로 시행합니다. 그럼 한 번도 실패한 적이 없습니다. 실패는커녕 생각한 것보다 훨씬 그 이상으로 되게 해주셨습니다. 오히려 상상도 할 수 없을 만큼의 결과와 넘치는 성취를 맛보게 해주셨습니다.

진짜 이건 하나님이 계획하시고 성령님이 직접 행하시지 않으면 이렇게까지 될 수 없다는 말이 절로 나옵니다. 어느 땐 저도 신기합니다. 그래서 감사하고 또 감사합니다. 기도 중에 성령님이 분명하게 주신 아이디어와 생각을 재지도 따지지도 않고 'GO!' 했을 때 말입니다. 전도 연합팀의 모든 일도 성령님이 주신 아이디어와 생각으로 바로 'GO!' 하기에 전혀 두려움이 없습니다. 실패의 염려도 없습니다. 오히려 성령님이 이번에는 어떻게 역사하실지 설레는 마음으로 기대하며 지켜보게 됩니다.

> 이제 가라 내가 네 입과 함께 있어서 할 말을 가르치리라 모세가 이르되 오 주여 보낼 만한 자를 보내소서 여호와께서 모세를 향하여 노하여 이르시되 레위 사람 네 형 아론이 있지 아니하냐 그가 말 잘 하는 것을 내가 아노라 그가 너를 만나러 나오나니 그가 너를 볼 때에 그의 마음에 기쁨이 있을 것이라 출 4:12-14

하나님이 친히 다 준비되었다고 이제 가라고 말씀하셨습니다. 게다가 네 입에 할 말까지 다 가르쳐 주겠다고 하셨습니다. 하지만 안타깝게도 모세는 "주님, 저 말고 보낼 만한 자를 보내세요"라고 말합니다. 그러자 하나님이 모세를 향하여 노하셨다고 합니다. 저는 하나님을 노하게 하기 싫습니다. 사실 하나님을 노하게 하는 것이 진짜 더 무섭고 두렵습니다. 그래서 "주님, 저 말고 보낼 만한 자를 보내세요"라는 말 대신 이렇게 고백합니다.

"주님, 저는 정말 부족해서 아무것도 할 수 없지만 하나님이 친히 다 준비되었다고 이제 가라고 말씀하시니 그대로 믿고 기쁨으로 가겠습니다. 크나큰 설렘과 기대를 가지고 가겠습니다. 진심으로 부족한 저에게 가라고 심부름 시켜 주셔서 정말 감사드립니다. 고맙습니다."

이렇게 말씀드리고 바로 그 자리를 믿음으로 벗어납니다. 그 순간 성령님의 역사는 이미 시작되는 것이기에 바로 그 자리에서 털고 일어나 달려갑니다. 어차피 모세는 주님의 말씀대로 갔습니다. 그런데 시원하게 칭찬받고 간 게 아니라 혼나고 꾸중 듣고 갔습니다. 어차피 갈 거, 저는 칭찬 들으면서 행복하고 기쁘게 가고 싶습니다.

저는 통로 역할이지 내 능력과 힘으로 하는 것이 절대 아님을 잘 알고 있습니다. 나는 단지 통로요 도구이고, 성령님이 역사하신다는 인식을 항상 가지는 것이 중요합니다. 이 점을 정확히 인식하고 중요하게 생각한다면 무언가를 시도할 때 두려움이 내 근처에 얼씬도 못 하게 됩니다. 기도 후 성령님께 명확한 사인만 받고 진행하면 끝입니다. 순종해서 성령님이 역사하시고 친히 되게끔 해 주시는 것을 경험해 본 사람이라면 두려움 대신 항상 기대와 설렘이 가득합니다. 정말로 기도하고 시도하면 하나님이 계획하시고 역사는 성령님이 다 하십니다.

> **오직 너희는 그리스도의 복음에 합당하게 생활하라 이는 내가 너희에게 가 보나 떠나 있으나 너희가 한마음으로 서서 한 뜻으로 복음의 신앙을 위하여 협력하는 것과** 빌 1:27

이 말씀이 우리 전도 연합팀의 주제성구입니다. 요약해서 다시 말하자면 "그리스도의 복음에 합당하게 생활해라. 너희가 한마음과 한뜻으로 복음의 신앙을 위하여 협력해라"입니다. 이 말씀 그대로 전도 연합팀을 이끌고 실천하려고 합니다. 성경에 '협력'이라는 단어가 등장하는 유일한 말씀이 바로 빌립보서 1장 27절입니다. 우리 모두 한마음으로 서서 한 뜻으로 뭉치고 힘써 협력하라고 하십니다. 오로지 복음의 신앙을 위해서 말이지요!

아름다운 이 말씀을 붙잡고 전도 연합팀과 하늘나라 갈 때까지 말씀대로 협력하길 간절히 소망하며 기도합니다. 그리고 목숨 걸고 최선을 다할 것을 오늘도 다짐해 봅니다.

열혈 연합 전도왕

잃어버린 영혼을 위한 **전도 채널**

어느 스님에게 찾아오신 하나님

저는 유튜브 '행복한 전도의 삶 TV' 채널을 운영하고 있습니다. 제가 전도한 이야기들, 다른 분들이 은혜받으신 이야기들, 또 전도에 관한 질문들, 감동적인 전도 사연들을 함께 나누고 공감하는 곳입니다. 정말 행복한 전도의 삶을 함께 누리는 곳입니다.

이 전도 채널을 시작하면서 예상치 못한 일들을 경험하고 있습니다. 매달 수백, 수천 통의 이메일을 받고 있는 것입니다. 이렇게 많은 사람이 전도와 복음 구원에 관심을 가지고 연락을 주실 줄 몰랐기에 엄청 놀랐습니다. 특히 감사드리는 것은 예수님을 믿지 않는 분들에게서 메일이 올 때입니다. 그런 메일을 읽고 있으면 어찌나 반갑고 기쁜지 모릅니다.

그중에서 오랫동안 기억에 남는 분들이 몇 분이 있습니다. 그 중에서 스님이 있습니다. 부모님도 스님이고, 형제들도 모두 스님이라고 했습니다. 그러다가 제가 나온 CBS "새롭게하소서"편을 봤다고 했습니다. 거기서 제가 불교 학생회장을 하다가 지옥을 경험하고 무서워서 예수님을 믿게 되었노라 간증했습니다. 그걸 보고는 이분이 제게 메일을 주신 것입니다. 그 스님은 지옥가는 거 알겠다고, 천국과 지옥이 믿어진다고, 무섭다고 했습니다. 저는 곧바로 그분에게 연락처를 물어봤고, 그렇게 전화 통화로 이야기를 나누었습니다.

저는 먼저 복음을 전했습니다. 그리고 복음을 받아들여야 한다고 설명한 뒤 영접기도를 인도했습니다. 좋은 교회를 소개하는 것도 잊지 않았습니다. 감사하게도 제가 그동안 강의를 다니면서 각 지역마다 좋은 교회라고 생각한 곳이 있어서 연결해 드렸습니다. 그곳 목사님에게 연락을 드려 이분의 사정을 소개했습니다. 또 좋은 집사님 두 분을 소개해 교회에 잘 정착할 수 있도록 했습니다.

스님은 저와 전화통화를 하면서 영접기도까지 한 뒤 그 주부터 바로 교회에 등록했습니다. 얼마 지나지 않아 다시 연락이 왔습니다. 스님에게는 배우자가 있었는데, 전도하여 같이 교회 나가고 있다고 했습니다. 그런데 그 배우자 분이 더 믿음이 좋아져서 성가대도 하고 봉사도 열심히 하고 있다고 했습니다. 이들에게 놀라운 은혜를 부어 주시고 역사해 주신 성령님께 진심으로 감사드립니다.

교회에서 상처받고 떠난 일가족의 구원

매일 아침 새벽기도를 마치고 하는 일이 세 가지 있습니다. 첫 번째는 제가 오늘 전도하고 복음 전할 사람이 누구인지 파악해서 명단을 적는 것, 두 번째는 전도하고 복음을 전하기 위해 부모님께 안부 전화 드리는 것, 그리고 세 번째가 바로 메일을 확인하는 일입니다.

그중에서 가장 저를 설레고 감격하게 하는 메일이 있습니다. 몇 년 동안 예수님을 떠나 있었는데, 제 영상을 보고 다시 예수 믿고 교회 다니며 신앙생활 하고 싶어졌다는 내용의 메일입니다. 그런 메일을 보면 제 마음에 천국이 임합니다. 한 영혼이 회개하고 주께 돌아오면 천국 잔치가 벌어진다고 배웠는데, 예수님을 다시금 믿고 싶다면서 도와달라고 하는 분들의 메일을 읽으면서 감동받지 않을 수가 없습니다. 그런 분이 있으면 제가 연락처를 여쭙고 전화통화를 해서 영접기도까지 인도합니다.

복음을 지혜롭게 전하고 영접기도까지 같이 할 수 있는 영상 하나를 추천하고 싶습니다. 유튜브 CCC 계정에 게시된 '샌드아트 사영리'입니다. 또 하나는 제가 '행복한 전도의 삶 TV' 채널에 올린

'간단하게 복음 전하는 법'이란 제목의 영상도 있습니다. 꼭 한번 참고하면 좋겠습니다.

어느 날 새벽기도 후 메일을 확인하는데 일가족 다섯 명이 예수님 믿고 교회를 다니다가 상처를 받고 다 떠났다는 내용의 메일이 왔습니다. 그게 벌써 20년이 되었다고 했는데요, 제 채널에 올려 둔 영상을 보고 다시 예수님을 믿고 가족이 함께 교회에 나가 신앙생활 하고 싶다면서 도와달라고 했습니다.

전화로 복음을 전하고 영접기도 후 그분 집 근처에 있는 좋은 교회를 소개시켜 드렸습니다. 그렇게 다섯 명의 한 가정이 20년 만에 다시 교회에 나가게 되었습니다. 그분들이 다시 신앙생활을 하시도록 도움을 드릴 수 있어서 얼마나 하나님께 감사드렸는지 모릅니다.

자살하면 지옥 가나요

하루는 제목부터 눈에 확 들어오는 메일이 왔습니다.

"자살하려고 하는데 진짜 자살하면 지옥 가나요?"

학생이었는데, 제가 올린 죽음에 대한 영상을 봤다고 했습니다. 진짜 자살을 하려고 했는데 너무 무섭다면서 도움을 요청했습니다. 저는 바로 답장을 보내서 기꺼이 도와줄 테니 전화번호를 남겨 달라고 했습니다. 다행히 바로 연락처를 보내 줘서 연결이 됐습니다. 전화로 따뜻하게 위로의 말을 전하고 예수님의 사랑이 전달되도록 이야기했습니다.

학생은 어릴 적 주일학교 나가다가 지금은 안 나간 지 꽤 되었다고 했습니다. 그러다가 너무 힘들어서 죽으려고 했는데 우연히 유튜브에서 제가 올려 둔 죽음에 관한 정의와 그 죽음 뒤에 하나님의 심판이 있다고 말하는 내용의 영상을 봤다고 했습니다. 그 영상을 보는 순간에 지옥의 무서움과 잔인함이 느껴지고, 진짜 지옥이 있다는 생각에 너무 떨렸다고 합니다. 그래서 제게 메일을 보내서 도움을 청한 것입니다.

저는 찬찬히 복음을 전하고, 나쁜 생각이 들 때마다 예수님의 이름으로, 또 보혈의 능력으로 그 생각을 물리치라고 이야기해 주었습니다. 그렇게 복음을 전하고 근처 좋은 교회 학생부로 연결해 주었습니다.

언제든지 힘이 들거나 궁금한 것이 생기면 연락하라고 했더니 자주 연락이 왔습니다. 교회 잘 다니고 은혜도 많이 받고 있다고 했습니다. 이제 더는 사탄에게 속지 않는다며, 자신을 예수님 품으로 다시 인도해 줘서 정말 고맙다는 이야기를 들을 때는 너무 기뻐 모든 영광과 존귀와 감사를 하나님께 올려 드렸습니다.

나는 거지가 아니다

하루는 이런 제목의 메일을 받았습니다.

"저 하나님께 혼났어요!"

대부분 좋은 분들의 소중한 메일이지만 간혹 이상한 메일도 오기 때문에, 처음에는 그런 부류인 줄 알았습니다. 그런데 그게 아니었습니다. 이분도 신앙생활을 열심히 하는 분이었고, 배우자는 전문직에 종사하고 있었습니다. 그런데 하루는 기도 중에 하나님이 '나는 거지가 아니다'라고 하셨다는 것입니다.

이분은 배우자가 그동안 벌어온 돈으로 저축을 잘해 왔다고 합니다. 저축 중에 정기예금도 있는데, 보통 이자는 일정 기간이 되면 원금과 함께 받을 수 있지만 예금자가 요청하면 매월 받을 수 있는 방법도 있다고 합니다. 그렇게 매월 나오는 이자로 이분은 헌금을 했다고 합니다. 금액이 상당했기 때문에 꽤 많은 액수를 헌금하는 것이었고, 그래서 스스로 헌금 생활을 잘하는 줄 알고 있었다고 합니다.

그러던 어느 날 하나님의 음성을 들었답니다.

"나는 거지가 아니다. 너는 매달 나오는 이자만으로 헌금하는데 나는 기쁘지 않다."

그 음성을 듣고 하나님은 몸통이 아닌 부스러기만을 드리는 헌금을 기뻐하지 않는다는 것을 깨달았다고 했습니다. (이 부분은 구독자님의 개인적인 기도 응답을 토대로 표현하신 것을 그대로 옮겼습니다. 이자로 헌금하면 하나님이 기뻐하시지 않는다는 식의 일반화는 아니니 오해하지 않기를 당부드립니다.)

그래서 하나님께 철저히 회개기도를 드렸다고 합니다. 그러면서 "하나님, 제가 이제 어떻게 하면 좋을까요?" 물으니 하나님이 "코로나 시기라 어려운 농어촌 교회가 많으니 그들을 도와줘라" 하셨답니다. 마음에 너무나 큰 기쁨이 넘쳤지만, 방법을 몰라 다시 물었답니다. "저는 아는 농어촌 미자립교회가 없습니다." 그랬더니 하나님이 '행복한 전도의 삶 TV'와 최병호 교감이 농어촌 미자립교회를 잘 돕고 있는 것을 기억나게 하셨답니다. 이분이 워낙 의심이 많은 사람이라 사람을 잘 믿지 못하는데, 어쩐지 저는 믿을 수 있겠다는 생각이 들어 메일을 보낸 것이라고 했습니다.

그분은 "마침 몇 년 모은 정기적금이 곧 만기가 되는데 이번에는 하나님께 칭찬 듣는 기쁨의 헌금을 드리고 싶습니다"라고 이야기했습니다. 그리고 적금한 원금을 농어촌 미자립교회를 위해 사용해 달라고 보내 주었습니다. 그리고 이자는 가족을 위해 쓰겠다고 했습니다.

그렇게 보내 준 금액을 보니 마침 농어촌 미자립교회 어느 목사님이 큰 수술을 하는 데 꼭 필요한 만큼이어서 기쁨으로 전달해 드릴 수 있었습니다. 하나님은 정말 우리의 머리털까지 세고 계시는 따뜻하고 섬세하신 분입니다.

너희에게는 머리털까지 다 세신 바 되었나니 마 10:30

여호와의 말씀이니라 너희를 향한 나의 생각을 내가 아나니 평
안이요 재앙이 아니니라 너희에게 미래와 희망을 주는 것이니라
렘 29:11

열혈 연합 전도왕

나는 그저 **깨끗한 통로**이고 싶다

내가 전도 폭발하게 된 계기

제 전도가 폭발하게 된 계기가 있습니다. 수영로교회 금요철
야 시간, 당시 정필도 목사님이 이런 이야기를 했습니다.

다윗이 머무는 궁궐은 으리으리했습니다. 그는 수많은 금과 은
과 백향목과 당시 최고의 재료로 지어진 왕궁에서 지내는데 여
호와의 성전은 휘장이었습니다. 그래서 다윗은 여호와를 위해
성전을 짓고 싶다고 했습니다. 그러나 여호와의 답변은 '너의 손
에 피를 많이 흘려서 안 된다'였습니다. 그러면서 하나님은 다윗
이 아닌 그의 아들이 성전을 건축할 것이라고 말씀하십니다.
하나님은 다윗이 여호와를 위해 성전을 짓고자 하는 마음을 기

뻐 받으셨습니다. 다윗도 나단 선지자를 통해 비록 자기의 때는 아니지만 아들이 성전을 건축한다는 말씀을 듣고 너무나 감사했습니다. 다윗은 하나님께 다음과 같은 감사기도를 드립니다.

"… 여호와 하나님이여 나는 누구이오며 내 집은 무엇이기에 나에게 이에 이르게 하셨나이까 … 여호와여 오직 주는 하나님이시라 주께서 이 좋은 것으로 주의 종에게 허락하시고 이제 주께서 종의 왕조에 복을 주사 주 앞에 영원히 두시기를 기뻐하시나이다 여호와여 주께서 복을 주셨사오니 이 복을 영원히 누리리이다"대상 17:16, 26-27

주님이 말씀하신 대로 아들 솔로몬 때 여호와의 성전이 완공되었습니다. 그러나 성전을 위해 모든 재료를 준비한 다윗이 지은 것과 마찬가지입니다.

이처럼 다윗은 '어떻게 하면 하나님을 기쁘시게 할까?' '어떻게 하면 하나님의 마음을 시원하게 할까?' 늘 생각하고 실천했습니다. 하나님이 그런 다윗을 얼마나 사랑하셨는지 모릅니다. 여러분도 다윗처럼 어떻게 하면 하나님을 기쁘시게 할지, 하나님의 마음을 시원하게 할지 꼭 한번 생각해 보시기 바랍니다.

그때 성령님의 은혜로 들었던 생각이 '그래 내가 목숨 걸고 전도하는 삶을 살겠다고 했는데 이제부터 적어도 내 수입의 10분의 1은 꼭 전도하는 데 쓰자'였습니다. 이렇게 결심하고 따로 봉투를 마련했습니다. 표지에 '병호 전도를 위한 헌금'이라고 적고 그것으로 친구들에게 밥을 샀습니다. 커피를 사주며 이야기했고, 친해져서 복음도 전하며 전도한 것입니다. 지금은 따로 책정하지 않아도 제 수입 30퍼센트 이상을 복음 전하는 데 쓰고 있습니다.

내 수입의 얼마를 전도와 선교, 복음 전하는 일을 위한 헌금으로 따로 책정해 보세요. 저의 전도가 폭발하게 된 계기가 여기에 있습니다. 액수가 중요하지 않습니다. 얼마나 기쁘고 감사하는 마음으로 준비하는지가 중요합니다. 이번 달 내 수입의 1퍼센트도 좋고 5퍼센트도 좋습니다. 1만 원, 5만 원처럼 일정 금액으로 정해도 좋습니다. 과부의 두 렙돈을 보시고 예수님이 가장 헌금을 많이 했다고 칭찬하신 것을 기억해 보세요. 하나님은 우리의 중심을 보시는 분입니다. 다만 다음 말씀을 꼭 마음에 새기면 좋겠습니다.

네 보물 있는 그 곳에는 네 마음도 있느니라 마 6:21

주라 그리하면 너희에게 줄 것이니 곧 후히 되어 누르고 흔들어 넘치도록 하여 너희에게 안겨 주리라 너희가 헤아리는 그 헤아림으로 너희도 헤아림을 도로 받을 것이니라 눅 6:38

아름다운 가수의 아름다운 팬들로부터

"오늘 밤 주인공은 나야 나~"

프로듀스 101 시즌2에서 최종 1위를 차지한 강다니엘이 제 제자입니다. 이렇게 유명한 아이돌이 제자 중에 나올 줄 몰랐는데, 다니엘을 생각하면 정말 감사하고 기쁩니다.

다니엘은 팬들에게 선물을 받지 않습니다. 생일이나 다른 기념일에도 일절 받지 않습니다. 팬들에게 주위의 어려운 이웃을 도와달라고 하며 솔선수범하여 먼저 힘든 분들에게 도움을 주고 있습니다.

10년쯤 전 다니엘이 고등학교 1학년 때 제가 수학을 가르쳤습니다. 그때의 모습이 지금과 똑같습니다. 워낙 잘생기고 예의도 바르고 착해서 학생들뿐 아니라 모든 선생님이 다 좋아했습니다. 인기도 어마어마했는데, 잘난 척하지 않고 겸손한 모습이 제 눈에 참 매력적으로 보였습니다.

하루는 제가 다니엘을 복도로 부른 적이 있습니다. 다른 게 아니라, 인기가 많아 곤란한 일에 휘말릴까 싶어 걱정되는 마음이 있었기 때문에 격려와 당부의 이야기를 해주고 싶었습니다. 그런데 다니엘의 단단한 모습에 괜한 걱정이라는 걸 알았습니다. 당시 다니엘은 제게 "선생님, 저를 좋게 봐주시고 걱정해 주셔서 감사합니다. 그런데 저는 가수 데뷔하려고 준비 중인 연습생입니다. 저는

열혈 연합 전도왕

성공하기 전까지는 선생님이 걱정하시는 그런 일은 하지 않을 겁니다"라고 말했는데, 그 모습이 어찌나 대견하고 예뻤나 모릅니다.

그 모습을 보는데 정말 성경 속 다니엘이 떠올랐습니다(당시에는 의견이라는 이름을 사용하고 있었고, 집에서 어머니가 다니엘이라고 부르셨다는 사실도 몰랐는데 그랬던 걸 보면 신기하기는 했던 것 같습니다.).

"그래, 의견아. 네가 이렇게 굳건한 의지로 뜻을 정한 걸 보니 정말 기쁘다. 너는 진짜 성공할 줄 믿는다. 성경 인물 중에 다니엘이 있잖아. 선생님도 정말 좋아하는 인물인데, 지금 의견이 이야기를 들으니 뜻을 정해 우상에게 바친 음식을 먹지 않으려 했던 다니엘이 떠오른다. 선생님이 너를 위해 기도해 줄게. 파이팅!"

이렇게 겸손하게 굳은 의지를 가지고 말하는 인기 많은 남학생을 처음 보았기에 절대 잊을 수 없는 대화였습니다.

그렇게 10년이 지나고 다니엘로부터 반가운 연락이 왔습니다. 서울에서 콘서트를 여는데, 그곳에 저를 초대해 준 것입니다. 그 어느 때보다도 가슴이 설레었습니다. 마흔 살이 넘도록 가수 콘서트장에 가 본 적이 없었는데, 너무나 멋지게 성공한 제자의 콘서트에 초대받아서 가다니, 감사 기도가 절로 나왔습니다.

아내와 함께 콘서트장에 갔습니다. 다니엘의 어머니가 따뜻하게 맞아주시고 여러 가지를 챙겨 주셨습니다. 무엇보다 콘서트 중간중간에 다니엘이 가수가 되기까지 얼마나 열심히 준비했는지, 가수가 되고 나서도 얼마나 연습을 열심히 하는지, 팬들을 얼마나 진심으로 대하는지 어머니를 통해 들을 수 있었습니다. 너무나 성숙하고 아름다운 모습으로 잘 성장해 준 다니엘이 대견해서 눈물이 다 났습니다. 수많은 팬과 함께 다니엘의 노래를 따라 불렀습니다. 정말 두 시간 동안 온몸에 땀을 뻘뻘 흘리며 춤추고 노래하는 다니엘을 보며 너무나 기쁘고 자랑스러웠습니다.

그날 제가 콘서트장에 다녀온 영상을 찍어 유튜브 채널에 올렸는데, 다니엘의 팬들이 많이 보러 와 주었습니다. 그러면서 다니엘을 위해 기도해 주고 잘 지도해 줘서 감사하다며 댓글로 응원의 글을 많이 남겨 주었습니다. 사실 제가 뭘 해준 것이 없어 댓글을 보며 너무나 부끄러웠습니다. 앞으로 부끄럽지 않으려고 다니엘과 어머니를 위해 매일 새벽마다 기도하고 있습니다.

그런데 그 일이 계기가 되어 다니엘의 팬들이 제가 장애인, 탈북자, 홀로 어르신, 다문화가정을 돕는 모습을 보게 되었고, 감사하게도 팬클럽 이름으로 천만 원어치가 넘는 옷을 후원해 주었습니다. 마침 다니엘이 모델을 하던 의류 브랜드 제품으로 후원처를 찾고 있었는데, 최병호 선생님께 드리자고 의견이 모아졌던 것입니다.

그 옷은 2023년 여름 중부지역에 폭우가 쏟아진 교회를 도울 때 의미 있게 사용했습니다. 룻이 우연히 간 밭이 보아스의 밭이었고, 하나님이 마침 보아스를 베들레헴에서부터 와서 룻과 만나게 하신 것처럼 너무나 기가 막힌 타이밍이었습니다.

열혈 연합 전도왕

Part 1 연합하는 우리는 전도 어벤져스

룻이 가서 베는 자를 따라 밭에서 이삭을 줍는데 우연히 엘리멜렉의 친족 보아스에게 속한 밭에 이르렀더라 마침 보아스가 베들레헴에서부터 와서 베는 자들에게 이르되 여호와께서 너희와 함께하시기를 원하노라 하니 그들이 대답하되 여호와께서 당신에게 복 주시기를 원하나이다 하니라 룻 2:3-4

어려운 친구들에게 학용품 사 주세요

미국에서 메일이 왔습니다. 본인은 어릴 적에 힘들게 자라서 학용품을 가지지 못했다고 했습니다. 그런데 하나님의 은혜로 축복을 받았고, 미국에 건너와서 넘치는 은혜 속에 잘 지내게 되었다고 했습니다. 그러던 어느 날, 하나님께 기도를 드리는 중에 성령님이 이런 마음을 주셨다고 했습니다.

"너는 학창 시절에 힘들어서 학용품을 제대로 가지지 못했지? 그때를 생각해서 힘든 아이들에게 학용품을 사 주어라."

"네 맞습니다. 저에게 그렇게 힘든 시절이 있었습니다. 제가 기쁜 맘으로 돕겠습니다."

그런데 어떻게 해야 할지 방법을 모르겠어서 여쭈었답니다.

"제가 어떤 아이들을 어떻게 도우면 되겠습니까?"

"행복한 전도의 삶 TV 최병호 교감을 알지 않느냐? 환경이 어려운 아이들을 잘 도와주고 있으니 그에게 연락해 보아라."

하나님의 응답을 받은 이분은 기쁜 마음으로 유튜브에서 제 메일 주소를 확인하고 제게 메일을 보냈다고 했습니다.

저는 후원금을 받아서 그분이 말씀하신 대로 학용품이 꼭 필요한 친구들에게 잘 나누어 주었습니다. 그중 반은 예수님을 잘 믿는 친구들이었고, 반은 전혀 믿지 않는 친구들이었습니다. 저는 항상 선교 후원이 오면 꼭 요청하신 대로 사용하고 전달한 내역이나 영수증을 보내 드립니다. 그리고 전달 당시 현장 사진과 영상을 담아서 같이 메일로 보냅니다. 후원하신 분들은 대부분 알아서 잘 쓸줄 믿는다고, 굳이 그렇게 보내지 않아도 된다고 하지만, 저는 그것이 최소한의 예의라고 생각합니다.

그리고 무엇보다 물질의 유혹에서 넘어지지 않고 싶습니다. 저는 선교 헌금을 필요한 곳에 흘려보내는 오직 통로의 역할을 하는 자입니다. 통로가 깨끗해야 내용물도 깨끗합니다. 하나님께 충성된 자로 끝까지 사용받고 싶기에 저를 위해서도 더더욱 그렇게 하려고 합니다.

감동과 사랑으로 물든 제자의 용돈 15만 원

졸업한 제자와의 만남은 언제나 즐겁고 기쁩니다. 학교라는 울타리 안에서 만나던 제자를 대학생이 되고 직장인이 되어 만나면 그 느낌이 정말 다릅니다. 제자들과의 만남은 항상 저를 들뜨고 설레게 만듭니다.

졸업한 제자들과는 함께 공원에서 놀기도 하고, 봉사활동을 같이 가거나 연합하여 단체로 복음 전할 때 함께하곤 합니다. 이런 활동을 언제든지 같이할 수 있는 제자들이 있다는 자체가 얼마나 감사하고 행복한지 모릅니다.

한번은 함께 전도 활동을 하고 헤어지는 길에 졸업한 제자가 제게 주려고 편지를 썼다면서 내밀었습니다. "집에 가시는 길에 읽어 주세요"라고 수줍게 말하며 헤어졌습니다. 제자가 시킨 대로 봉투를 열어 보니 편지와 함께 15만 원이 들어 있었습니다. 무슨 돈인가 싶어 편지를 읽어 보니 이런 내용이 적혀 있었습니다.

고마우신 최병호 선생님,

선생님의 사랑을 듬뿍 받고 학창 시절을 보낸 오수민입니다.

선생님을 만나고 제게 두 가지 기적이 일어났습니다. 첫째는, 선생님을 만나고 학창 시절 통틀어서 처음으로 수학 시험에서 100점을 맞은 것입니다. 저는 원래 수학을 포기한 수포자였습니다. 그런데 선생님을 만나고 수학에 재미를 느끼게 되면서 수학 공부를 할 수 있었습니다. 둘째는, 선생님을 만나고 제가 처음으로 용기 내서 친구를 전도했다는 것입니다. 선생님을 통해 전도가 어떤 것이고, 전도를 어떻게 해야 하는지 배웠습니다. 무엇보다 전도하면 행복하다는 사실을 깨달았습니다. 정말 선생님이 아니었다면 친구를 전도해야 한다는 사실조차 몰랐을 것입니다. 정말 감사드립니다.

그리고 선생님이 전도 폭발 계기에 대해 말씀하는 설교를 듣고 감동을 받았습니다. 그래서 제 용돈을 모았습니다. 부모님께 받은 용돈 중 10분의 1은 십일조로 모아서 드리고, 얼마는 또 감사헌금과 주일헌금으로 드렸습니다. 그리고 저도 용돈 중 10분의 1을 모아서 전도하고 선교하는 데 쓰고 싶었습니다.

그렇게 몇 달을 모았더니 15만 원이 되었습니다. '어떻게 전도하고 선교하는 데 쓸까?' 하고 기도하다가 하나님이 '최병호 선생님께 드리면 되겠다'는 마음을 주셨습니다. 저보다 훨씬 더 전도와 선교를 잘하시는 선생님께 드리면 비록 작은 물질이지만 귀하게 쓰일 것 같아 이렇게 기쁨으로 드립니다. 선생님 꼭 받아 주시고 전도와 선교하시는 데 사용해 주시면 감사하겠습니다.

2023년 선생님의 사랑스런 제자 오수민 올림

편지를 읽는데 너무나 큰 감동이 와서 눈물을 흘리며 그 자리에서 바로 기도드렸습니다.

"하나님, 정말 감사합니다. 이런 마음을 가진 제자의 편지를 받고 나니 정말 말할 수 없는 감사가 넘쳐납니다. 제가 이런 아이들을 위해 더더욱 기도하며 사랑으로 지도하는 참 교사가 되게 해 주세요. 저는 너무나 부족합니다. 저에게 아이들을 따뜻하게 품을 수 있는 사랑의 힘과 능력을 주세요."

이렇게 부족한 저를 통해 변화를 받고, 스승이라고 편지로 감사를 전하는 제자가 있다는 사실이 너무나 감동입니다. 모든 영광과 찬양과 존귀를 우리 하나님 아버지께 올려 드립니다.

하나님의 감동으로 드리는 손길

하루는 축구를 통해 복음을 전한 동생 호현이에게 문자메시지와 송금 내역이 와 있었습니다. 호현이에게 온 메시지는 이랬습니다.

병호쌤 오랜만에 인사드려요ㅜㅜ 쌤!! 제가 어제 첫 월급을 받았어요! 취직하면 목표가 십일조 내고 10퍼센트는 전도 비용에 쓰는 거였어요. 그렇게 되게 해달라고 몇 개월 전부터 기도했어요. 방금 기도하다가 전도 비용 10퍼센트를 낼 수 있는 용기를 달라고 했는데 병호쌤 생각이 나면서 마음에 감동이 왔어요!! 전도 비용 받아 주세요 병호쌤~~~

이런 편지와 함께 수십만 원의 돈이 송금되어 있었습니다. 이 메시지를 보고 얼마나 놀랐던지요. 호현이에게 바로 전화를 걸었습니다. 웃으며 전화를 받는 호현이의 목소리에는 떨림과 함께 기쁨이 가득 묻어 있었습니다. 호현이는 통화하는 내내 하나님을 만나 너무 기쁘고, 지금 하나님과 교제하는 것 자체가 너무나 감사하고 행복하다고 했습니다. 어찌나 감동이 밀려오던지 이루 말할 수가 없었습니다.

이렇게 하나님이 감동을 주셔서 편지나 메시지와 함께 선교비를 보내는 제자들과 지체들이 많습니다. 저는 받은 선교비를 매달 농어촌 미자립교회와 해외선교사님에게 후원할 때 그대로 흘려보내거나 복음 전하는 다른 현장에 사용합니다. 하나님이 이런 지체들의 마음을 기뻐 받으셨다고 믿습니다. 지체들을 위해 다음의 말씀을 붙들고 축복기도를 합니다.

더러는 좋은 땅에 떨어지매 자라 무성하여 결실하였으니 삼십 배나 육십 배나 백 배가 되었느니라 하시고 막 4:8

너희 조상의 하나님 여호와께서 너희를 현재보다 천 배나 많게 하시며 너희에게 허락하신 것과 같이 너희에게 복 주시기를 원하노라 신 1:11

주라 그리하면 너희에게 줄 것이니 곧 후히 되어 누르고 흔들어 넘치도록 하여 너희에게 안겨 주리라 너희가 헤아리는 그 헤아림으로 너희도 헤아림을 도로 받을 것이니라 _눅 6:38_

예수님의 사랑 잘 전하라고 내어준 따뜻함

대한민국 국가조찬기도회는 이승만 대통령 때부터 나라와 민족을 위해 시작된 기도회로, 1968년 제1회 국가기도회로 시작하여 하나님의 섭리 가운데 국가와 민족 복음화, 세계 평화와 번영을 위해 기도하는 평신도 기도 단체입니다. 매년 대통령이 참석하는 기도회로 알려져 있습니다.

대한민국 국가조찬기도회에서 제가 유튜브를 통해 여러 곳에 복음 전하는 사역을 하는 것을 알고 큰 도움을 많이 주었습니다. 폭우로 피해 입은 교회를 도우러 갈 때도 1,100만 원을 후원해 주었고, 굿닥터네트웍스에서 서울랜드와 연합하여 진행한 행사에도 2,200만 원을 후원해 주었습니다. 후원금으로 문화상품권을 구입하여 아이들이 원하는 책과 학용품을 살 수 있도록 전달해 주었습니다.

크리스마스 때 보육원 아이들에게 갈 때도 예수님의 사랑을 잘 전하라고 300만 원을 후원해 주더니, 보육원에서 독립해야 하는 아이들을 위해서도 신경써 주었습니다. 보육원 아이들은 만 18세(본인이 원하면 만 23세)가 되면 독립을 해야 합니다. 국가 보조금 이 있기는 하지만 턱없이 부족한 금액이기 때문에 자립이 녹록지 않습니다. 그 사실을 알고 스물여섯 명 아이들에게 매달 20만 원씩 1년간 도우라고 6,240만 원을 후원해 주었습니다.

보육원 여학생들을 위해서는 굿닥터네트웍스와 협력하여 전 국 8개 보육원에 재사용할 수 있는 친환경 속옷 170세트를 선물로 보내 주었습니다. 1,500만 원 상당의 물품이었습니다. 이 자리를 빌어 대한민국 국가조찬기도회 이봉관 회장님께 진심으로 감사의 말씀을 드립니다.

내 꿈은 하나님께 이쁨받는 전도자

저는 역사에 관심이 많습니다. 특히 최태성 선생님이 강연하 는 TV 프로그램이 있으면 꼭 챙겨서 보는데요, 역사 이야기를 참 생생하고 맛깔나게 이야기해 줍니다. 그분이 하신 이야기 중에 꿈 에 대한 내용이 있습니다.

여러분, 꿈이 도대체 무엇입니까? 지금 왜 공부합니까? 많은 친 구가 그런 이야기를 하더군요. 내 꿈은 변호사가 되는 거예요. 내 꿈은 의사가 되는 거예요. 내 꿈은 검사가 되는 거예요. 내 꿈은 CEO가 되는 거예요. 좋습니다. 그런데 여러분 착각하지 마십시오. 그건 여러분의 꿈이 아닙니다. 그런 것들은 직업일 뿐입니다. 여러분의 꿈은 명사여선 안 됩니다. 여러분의 꿈은 동사여야 합니다. 내가 CEO가 돼서 사람들을 위해서 무엇을 할 것인지를 이야기할 수 있어야 합니다. 그런 게 바로 여러분의 꿈이어야 합니다. 내가 검사가 되어서 불의를 위해서 무엇을 할 것인지를 말할 수 있어야 합니다. 한 번의 젊음, 어떻게 살겠습니까? 바로 동사의 꿈을 여러분의 꿈으로 장착해야 합니다.

이 이야기가 저를 깜짝 놀라게 했습니다. 제 꿈을 생각해 봤습니다. 저는 전도자가 되고 싶었습니다. 왜냐하면 죽어 가는 영혼들을 살리고 매 순간 행복하게 전도하는 삶을 살고 싶었기 때문입니다. 어떤 직업을 갖든지 전도자가 되고 싶었습니다. 그리고 이왕이면 예수님 모르던 학생 시절 사랑으로 복음을 전해 주신 이정화 목사님처럼 저도 그런 좋은 교사가 되어 아이들을 사랑으로 가르치며 복음을 전하고 싶었습니다.

지금 유튜브 '행복한 전도의 삶 TV' 채널을 운영하는 것 또한 하나님이 부족한 저를 어떻게 사용하시는지 이야기함으로써 예수님의 사랑과 복음을 전하고 싶었기 때문입니다. 그리고 전도의 열정을 잃어버린 분들에게 그 열정을 되살리는 불쏘시개 역할을 하고 싶었습니다. 이렇게 교사로, 유튜버로 예수님의 사랑을 전하고 복음을 전할 수 있게 동사의 꿈을 꾸게 해주신 하나님께 모든 영광과 찬양과 감사를 올려드립니다.

교실에서 수업을 하다 보면 가끔 이쁜 짓만 골라서 하는 학생을 만나곤 합니다. 수학 문제를 쉽게 푸는 방법을 모조리 알려 주고 싶은 마음이 듭니다. 그런 학생은 모든 선생님이 입을 모아 '이뻐 죽겠다'고 표현합니다.

하나님이 보시기에 저도 이쁜 짓만 골라서 하고 싶습니다. 그 이쁜 짓 중에 하나가 바로 전도 아닐까요? 복음을 전하기 위해 기도하며 이리도 애쓰고 저리도 애쓰는 게 주님이 보시기에 이쁜 짓이라 확신합니다.

저는 유튜브에 올릴 영상을 제작할 때마다 선한 영향력을 끼치고 전도의 열정을 불러일으키는 영상물을 제작하게 해달라고 기도합니다. 그래서 행복한 전도의 삶 TV를 통해 하나님의 기쁨이 되고 하나님이 이뻐할 수밖에 없는 사람이 되고 싶습니다. 주님 앞에서 평생 이쁜 짓만 하길 오늘도 다짐합니다.

존귀한 자는 존귀한 일을 계획하나니 그는 항상 존귀한 일에 서리라 사 32:8

2 PART

내 꿈은 하나님께 이쁨받는 전도자

미쳐야 미치는 전도의 법칙

미치지 않으면 미치지 못한다

전도를 못하는 세 가지 이유

저는 수영로교회 정필도 목사님을 통해 전도를 배웠습니다. 정필도 목사님은 우리나라 군선교 역사상 처음으로 소속된 전 장병을 전도하여 전 장병 세례식을 베푼 분입니다. 목사님이 직접 죽을 각오를 하고 사력을 다해 복음을 전한 이야기를 통해 전도에 대해 배울 수 있었습니다.

더불어서 전도 못하는 세 가지 이유도 배웠습니다. 평소 이것을 써 놓고 뒤집어 생각하면 전도를 잘하게 됩니다. 수학도 틀린 문제를 반복해서 풀다 보면 약점이 보완되고 성적이 오르는 것처럼 말이죠.

우리가 전도 못 하는 첫 번째 이유는 전도 대상자를 위해 기도하지 않기 때문입니다. 두 번째는 전도하는 데 지혜와 용기가 없기 때문입니다. 세 번째는 복음을 전하는 데 목숨을 걸지 않기 때문입니다.

저는 이 세 가지를 써놓고 항상 내게 부족한 부분이 뭔지 늘 점검하고 보완합니다. 전도왕이라 불리지만 저도 때론 첫 번째 이유에, 또는 두 번째, 세 번째 이유에 해당할 때가 있어 부끄러워집니다. 그럼 얼른 회개하고 예배의 자리로, 기도의 자리로, 말씀 읽는 자리로 가서 초심으로 돌아오려고 애씁니다. 복음에 대한 감사와 열정이 되살아날 때까지 그 자리에 머물다가 나오는 것입니다.

뜨겁게 기도해야 한다

전도 못 하는 이유를 알았으니 이걸 뒤집어 어떻게 실천하면 될지 알아봅시다.

첫째, VIP를 위해 날마다 뜨겁게 기도해야 합니다. 특히 저는 에스겔 말씀을 붙잡고 이렇게 기도합니다.

또 새 영을 너희 속에 두고 새 마음을 너희에게 주되 너희 육신에서 굳은 마음을 제거하고 부드러운 마음을 줄 것이며 겔 36:26

열혈 연합 전도왕

"하나님, 제 아버지(VIP)에게 새 영과 새 마음을 주시고 육신의 굳은 마음을 제거하고 부드러운 마음을 주세요. 아버지를 구원해 주세요. 꼭 구원해 주세요. 아버지가 예수님 잘 믿게 해주세요. 아버지가 꼭 교회 다니게 해주세요. 아버지가 저를 통해 꼭 예수님 만나게 해주세요."

저는 기도할 때 화려한 미사여구를 사용하지 않습니다. 핵심을 바로 말씀드립니다. 그리고 하나님께 원하는 바를 계속 집중해서 반복적으로 구합니다. 어쩌면 제가 수학 선생님이라 더 그런 것 같습니다. 수학을 가르칠 때도 학생들에게 핵심을 반복해서 말해줍니다. 하나님께도 핵심을 집중해서 반복적으로 말씀드립니다. 반복하여 말할수록 마치 돋보기로 햇빛을 모을 때처럼 더욱 집중하게 되어 기도가 간절해집니다. 그러면 나도 모르게 기도하면서 눈물이 나고 하나님 앞에서 울게 됩니다. 절실하고도 간절한 마음의 기도가 반드시 필요합니다. 이럴 때 반드시 응답해 주신다는 확신에 찬 기도, 믿음의 기도가 나옵니다.

그리고 저는 또 이렇게 기도합니다.

"주님, 아직 예수님을 믿지 않고 계신 우리 아버지, 친구 ○○○, 제자 ○○○를 위해 기도합니다. 이들에게 새 영을 주시고 새 마음을 부어 주세요. 육신의 굳은 마음을 제거하고 부드러운 마음을 주세요. 주님이 이들의 마음을 만져 주시지 않으면 제가 아무리 인간적인 노력을 다해도 아무 소용이 없습니다. 주님, 제발 이들을 긍휼히 여겨 주셔서 이들이 주님께로 돌이킬 수 있도록 해 주세요. 저는 최선을 다해 이들을 사랑으로 섬기겠습니다. 주님, 이들을 저에게 붙여 주십시오. 자신의 죄를 회개하고 예수님을 구주로 영접하는 은혜를 이들에게 베풀어 주십시오. 예수님의 이름으로 기도드립니다. 아멘.”

사랑하는 사람들을 위해 하나님 앞에 나와 간절히 기도하십시오. "기도는 싸우는 대상을 바꾸는 것이다"라는 말이 있습니다. 내가 사탄 마귀와 싸우면 무조건 집니다. 그러나 성령님이 대신 싸우시면 무조건 이깁니다. 백전백승입니다. 기도는 내가 싸우지 않고 하나님께 맡기는 작업입니다. 그래서 하나님과 성령님이 내 대신 악한 영들과 싸우게 되는 것입니다. 이것이 기도로 주님께 모든 문제를 맡긴다는 뜻입니다.

수업시간에 수학과 씨름하는 아이들을 보면 정말 머리에 김이 나는 게 보입니다. 그런데 그렇게 집중해서 풀어도, 심지어 답지를 보아도 안 풀리는 문제가 있습니다. 그게 수학입니다. 그럴 때 아이들은 손을 듭니다. 그러면 제가 그 아이에게 갑니다. 그리고 학생이 모르는 부분을 정확히 파악하고 알려 줍니다. 때론 개념을, 때론 공식을, 때론 문제 유형을, 때론 식 세우는 것을, 때론 풀이 과정을 알려 줍니다. 직접적으로 알려 줄 때도 있지만 스스로 풀 수 있도록, 해결 방법이 딱 떠오르도록 힌트를 주기도 합니다. 이것이 더 선명하게 머리에 새겨지고 오래도록 기억되기 때문입니다. 그러면 아이들은 "아!" 하고 웃음을 띄고 기쁘게 문제를 풉니다.

문제가 안 풀릴 때 손만 들면 제가 가서 해결법을 알려 주는 것처럼, 기도는 전능하신 하나님의 손을 가지고 오는 것입니다. 따라서 우리는 기도를 쉬면 절대 안 됩니다. 전도하고 싶은 사람을 위해서도, 자신의 문제를 위해서도 절대 기도를 멈추면 안 됩니다.

기도를 멈추지 마라
눈앞의 상황이 마음을 눌러도
원망치 마라 너의 입을 지켜라
저들은 너의 입을 보고 있다

마음을 뺏기지 마라
내가 널 도우지 않는단 소리에
너의 모든 게 모든 게 불리해도
너는 기도를 계속해라

너 기도를 멈추지 마라

내가 너의 그 모든 상황을 바로 역전시키리니
너 기도를 멈추지 마라
내가 잠시도 쉬지 않고
모든 걸 지켜보고 있으니
바로 역전되리라

저들의 힘이 너를 압도해도
저들의 힘이 네 숨을 조여도
너는 보리라 기도의 능력을
내가 역전시키리라

"이제 역전되리라", 조영준

전도도 센스 있게

둘째, 지혜가 생겨서 상대방의 필요가 보이고 다가갈 용기가
생길 때까지 기도해야 합니다. 성경에 보면 지혜와 용기를 가지고
복음을 전한 아주 좋은 예가 나옵니다.

사람들이 한 중풍병자를 네 사람에게 메워 가지고 예수께로 올

열혈 연합 전도왕

새 무리들 때문에 예수께 데려갈 수 없으므로 그 계신 곳의 지붕을 뜯어 구멍을 내고 중풍병자가 누운 상을 달아 내리니 예수께서 그들의 믿음을 보시고 중풍병자에게 이르시되 작은 자야 네 죄 사함을 받았느니라 하시니 막 2:3-5

중풍병자를 침상에 메고 예수님에게 데리고 온 네 사람이 있습니다. 그들은 중풍병자를 자기 목숨만큼 사랑했다고 확신합니다. 저는 네 사람에게 진심으로 존경의 박수를 보내고 싶습니다.

그들은 이 중풍병자를 예수께만 보이면 반드시 나을 거라는 믿음과 확신이 있었습니다. 사람이 많아서 예수님을 만날 수 없으니 지붕을 통해 내린다는 기가 막힌 지혜도 있었습니다. 거기다 남의 집 지붕을 뜯었으니 물어줄 각오도 했을 것입니다. 집 주인이나 주변 사람들로부터 어떻게 남의 집을 함부로 훼손하느냐고 비난을 받을 수도 있습니다. 그런데도 이렇게 한 것이야말로 큰 용기입니다. 만약 그 중풍병자가 내 부모님이었다면, 가족이었다면, 친구였다면 저도 몇 배로 물어줄지언정 똑같이 했을 것입니다. 전도는 상대방의 필요를 채워 주는 것입니다. 이때 필요한 것이 바로 지혜와 용기입니다.

저는 전도할 때마다 표어처럼 다음 세 가지를 마음에 새기고 입에 달고 살 정도로 말합니다. '자신 있게' '웃으면서' '예의 바르게'입니다. '자신 있게'가 용기에 해당하고, '웃으면서'가 지혜에 해당합니다. '예의 바르게'는 용기에도, 지혜에도 반드시 포함되어야 합니다. 경우 없음, 무례함과 예의 바름은 한끗 차이입니다. 막무가내와 용기도 마찬가지입니다. 그래서 저는 전도할 때 항상 영적인 센스를 달라고, 그 센스가 몸에 배게 해달라고 기도합니다.

전도 대상자와 나 사이에 풍선이 하나 있다고 생각하면 됩니다. 너무 가까이하면 터집니다. 이것이 경우 없음, 무례함, 막무가내입니다. 풍선이 터지지 않도록 상대방과 적절한 거리를 유지하는 것이 바로 영적인 센스이고, 예의 바름이라고 생각합니다.

사실 전도의 능력은 강권에 있습니다. 강권이란 강력하게 권한다는 뜻입니다. 전도왕이라 불리는 저도 강권을 통해서 전도한 경우가 80-90퍼센트이고, 저절로 전도되는 경우는 10-20퍼센트 정도인 것 같습니다. '따뜻한 카리스마'라는 말이 있는 것처럼, 저는 '예의 바른 강권'이라는 말을 쓰고 싶습니다. 저는 이 '예의 바른 강권'을 '용기'와 '지혜'라고 부르고 싶습니다.

복음에 목숨을 걸어야

셋째, 복음을 전하는 데 목숨을 걸어야 합니다. 성령님은 제게 이 부분에 대해서 세 가지를 깨닫게 해주셨습니다. 첫 번째로, 복음 전하는 데 목숨을 건 사람은 하나님이 주신 달란트, 능력, 건강,

열정, 물질, 지위, 직장, 영향력 등 모든 것을 허튼 데 쓰지 않고 오로지 복음 전하는 데만 올인합니다. 이런 사람은 복음 전하는 삶에서 기쁨을 누리고 삶의 참 의미를 찾습니다. 복음 전하는 삶이 가장 가치 있고 존귀하고 행복한 삶임을 깨닫습니다. 복음에 목숨을 거는 것 자체를 최고의 복이자 행복으로 여깁니다.

또 사랑하는 사람이 예수님을 믿지 않고 있다는 사실에 자신의 창자가 끊어질 만큼 아픈 사람입니다. 이들을 위해 자신의 모든 것을 희생할 준비가 되어 있는 사람이 바로 전도에 목숨 건 사람입니다. 성경 속 인물 중에는 모세와 같은 사람이 해당합니다.

그러나 이제 그들의 죄를 사하시옵소서 그렇지 아니하시오면 원하건대 주께서 기록하신 책에서 내 이름을 지워 버려 주옵소서
출 32:32

모세는 원망과 불평으로 가득한 백성을 쓸어버리겠다고 하신 하나님께 대신 그들의 죄를 사해 달라고 간구합니다. 그렇지 않으면 생명책에서 자신의 이름을 지워 달라고 간청합니다. 솔직히 저는 지옥이 무서워서라도 제 이름을 지워 달라고 못할 것 같은데 모세는 하나님께 이렇게 말했습니다. 모세와 같은 사람이 바로 전도에 목숨을 건 사람입니다.

두 번째로, 복음 전하는 데 목숨을 건다는 것은 곧 불광불급(不

狂不及)입니다. 미치지 않으면 미치지 못한다는 뜻입니다. 한 마디로 복음에 미치는 것입니다. 감사하게도 정필도 목사님이 제 첫 책 《열혈청년 전도왕》의 추천사를 써 주시며 불광불급이란 단어를 사용하셨습니다. 너무나 영광이었고 눈물 나도록 감사했습니다.

세 번째로, 복음 전하는 데 목숨을 건다는 것은 곧 즐기는 자가 되는 것입니다. 진짜 살면서 어떤 일을 즐기는 자만큼 무서운 사람이 없음을 경험합니다. 아시아 최초 영국 프리미어리그에서 득점왕에 오른 손흥민을 보면 정말 축구를 즐기는 사람이라는 확신이 듭니다. 그의 축구하는 모습과 태도와 말을 들어 보면 쉽게 알 수 있는데요, 그는 2023년 탈장으로 무척 힘들었지만 그해도 열 골을 넣었습니다. 그는 인터뷰를 하며 "힘들었던 작년에도 전 여전히 축구를 즐겼습니다. 지금은 매 순간이 즐겁습니다. 축구는 인생이니까요"라고 말합니다. 저는 이 말을 빌려 "코로나와 경제 침체로 힘들던 상황에도 우린 여전히 전도를 즐겼습니다. 복음을 전하는 매 순간이 가장 즐겁습니다. 전도와 복음 전파하는 삶은 제 인생이니까요"라고 말하고 싶습니다. 행복하게, 진심으로 이렇게 말할 수 있는 사람이라면 복음에 목숨 건 것이 맞습니다.

저는 삶에 이런 공식을 만들어 봤습니다.

전도를 즐긴다 = 생활 속 전도를 한다 = 삶이 곧 전도다

저는 전도를 즐깁니다. 전도를 즐기다 보니 '생활 속 전도'를 하게 되었습니다. '생활 속 전도를 한다'는 것은 바로 '내 삶이 곧 전도다'라고 여긴다는 뜻입니다. 그렇게 되면 내가 생각하고 꿈꾸는 모든 것이 항상 전도와 연관됩니다. 내가 말하고 행동하는 모든 것도 어떻게 하면 복음을 잘 전할 수 있는가를 늘 염두에 두게 됩니다.

세상 속 크리스천은 유람선을 탄 사람들이 아닙니다. 핵과 전투기를 가득 실은 항공모함을 타고 바다를 누비는 사람들입니다. 치열한 영적 전쟁에서 성령님께 의지하여 이겨 내고, 그동안 포로 되었던 자들을 찾아 진리와 진정한 자유를 맛보게 하는 자들입니다.

이렇듯 전도에 목숨 건 자들은 자신의 모든 것을 다 걸어서 믿지 않는 자들에게 복음을 전합니다. 자신이 사랑하는 사람이 아직 예수님을 믿지 않고 있기 때문에 창자가 끊어지는 아픔을 가지고 기도합니다. 예수님께 기쁨으로 행복하게 미친 자들입니다. 전도 자체를 즐기는 자, 복음 전하는 것이 가장 큰 행복임을 알고 진정으로 즐기는 자입니다. 우리 모두 이 복음에 매료되어 목숨을 걸고 사는 하나님의 자랑이요 기쁨이 되어 봅시다.

내가 느낀 행복을 당신도 느끼게 해주고 싶어서

연세대학교 김형석 교수님 강연을 들은 적이 있습니다. 오랜 삶에서 묻어나는 연륜과 깊은 지혜의 샘에서 나오는 말씀을 통해 너무나 큰 감동을 받고 왔습니다. 그중에서 제게 가장 인상적이었던 말씀이 있습니다.

다른 사람들이 다 나보다 더 잘 살았으면 좋겠습니다. 다른 사람들이 다 나보다 더 행복했으면 좋겠습니다. 그런데 살다 보니 다른 사람들을 행복하게 해주고 사는 사람이 가장 행복하게 사는 사람이 된다는 걸 알았습니다.

보통은 내가 더 잘살고 행복하기를 바라지 않나요? 그런데 이분은 다른 사람이 나보다 더 잘살고 행복하기를 바랐다니, 진정으로 사랑이 넘치시는 분이라는 것을 알았습니다. 솔직히 저는 살면서 이런 생각을 해본 적도 없고, 쉽사리 남을 위한 삶을 살아야겠다고 말하지 못했습니다. 그런 제가 김형석 교수님 앞에서 한없이 작게만 느껴졌습니다. 강연을 마치고 그 감동을 가슴에 머금고 교수님 바로 옆에 앉아서 사진을 찍었습니다. 너무나 영광스럽고 기뻤습니다.

교수님의 강연을 듣는 도중에 떠오르는 한 사람이 있었습니

열혈 연합 전도왕

다. 바로 '킹메이커'라는 닉네임을 쓰는 오두환 대표입니다. 닉네임대로 오두환 대표는 타인의 장점을 먼저 보는 사람입니다. 사랑의 눈으로 상대의 장점을 찾아내어 그 장점으로 상대의 단점과 허물을 덮어 주는 사람입니다. 그는 또 다른 사람이 어떠한 재능이 있는지 간파합니다. 어디에 있을 때 가장 빛을 발하는지를 정확히 파악해서 그 자리에서 별과 같이 빛나는 사람으로 만들어 줍니다. 그래서인지 오두환 대표는 언제나 행복해 보입니다. 제 연락처에 있는 사람이 7천 명이 넘는데, 그중에서도 손에 꼽을 정도로 행복한 사람이라고 확신합니다.

그리고 자연스럽게 저를 돌아보게 되었습니다. '내가 왜 전도에 이렇게 목숨을 걸까? 왜 전도에 미쳐 있지?' 답은 금방 나왔습니다. 다른 사람들에게 진정한 행복을 주고 싶기 때문입니다. 예수님을 만나면 진정한 행복을 알게 됩니다. 저도 예수님을 인격적으로 만나고 나서야 깨닫게 되었습니다. 예수님을 만나니 죄로부터의 해방감, 자유함을 얻게 되어 행복했습니다. 예수님을 믿고 나니 창조주 하나님이 내 아버지 되심을 깨닫게 되어 행복했습니다. 내가 이제 왕 같은 제사장이요 천국 백성이 되었음에 행복했습니다.

육체는 썩어 없어지지만 영혼은 영원히 천국에서 살게 됨을 알고 행복했습니다. 사망에 사로잡힌 인생이 생명을 양성하는 전혀 새로운 삶을 살게 되어 행복했습니다. 내가 어디서 왔고 어떻게 살다가 어디로 가는지 명확히 알게 되어 행복했습니다. 나라는 존재가 이 세상이 창조되기 전부터 이미 계획되었다는 사실에 행복했습니다. 그뿐만 아니라 하나님이 나를 언제 어디서나 지켜 주시고 동행해 주신다는 사실에 행복했습니다. 하나님이 나의 아버지가 되심에 행복했습니다. 내 평생 나를 가장 아름다운 길로 인도해 주신다는 사실에 행복했습니다. 하나님이 내 찬양이 되시고 힘과 능력의 근원이 되심에 행복했습니다. 내가 감당치 못할 시험당함을 허락지 아니하심에 행복했습니다.

전능하신 하나님 아버지가 나의 친구라는 사실에 행복했습니다. 이 땅은 안개와 같이 잠시 있는 곳이지만 진짜 영원한 본향의 집이 천국이라 천국에 소망을 둔 삶을 살게 되어 행복했습니다. 창조주 하나님이 나의 작은 신음에도 응답해 주시니 행복했습니다.

예수님을 만나고 나서 행복해진 이유들이 순식간에 제게 쏟아져 나왔습니다. 그러면서 저절로 든 생각이 '예수님을 만나게 하는 일이야말로 진짜 그 사람을 행복하게 만드는 일이다'라는 확신이 들었습니다. 저는 제 주위에 있는 사람들을 한 명도 빠짐없이 예수님 덕분에 얻을 수 있는 행복을 누리게 하고 싶습니다. 예수님으로부터 나오는 영원하고 지속적이고 진정한 참 행복을 알리는 데 제 모든 것을 걸고 싶습니다. 김형석 교수님의 말씀대로 다른 사람을 행복하게 해주는 사람은 축복의 통로이고 복의 근원이기에 행복해질 수밖에 없습니다.

전도에는 **섬세한 전략**이 필요하다

사랑하는 사람이 절벽 위에 서 있다면

제가 새벽기도를 할 때 매일 보는 사진이 하나 있습니다. 미국에 있는 그랜드캐니언 국립공원 사진입니다. 감탄이 저절로 나올 만큼 웅장하고 아름다운 곳입니다. 그런데 이곳엔 사진을 찍다가 종종 낙상 사고가 일어난다고 합니다. 많은 사람이 크게 다치거나 심하면 목숨을 잃기도 합니다. 저는 예수님을 믿지 않는 사람들이 바로 이 낭떠러지 앞에 서 있는 것 같다는 생각을 합니다. 한 발만 더 내디디면 바로 추락하는 곳에 서 있는데, 정작 본인은 모릅니다. 한 발만 더 가면 수천 미터 아래로 떨어져 목숨을 잃을 수도 있는데 더 멋진 인생사진을 남기겠다고 포즈에만 신경을 씁니다. 저는 이런 모습이 예수님 믿지 않으면 지옥이라는 무시무시한 형벌을 받게 되는데, 그것도 모른 채 이 땅에서 잘 먹고 잘살려고 하는 모습과 오버랩 되어 보입니다.

왜 이렇게 행동할까요? 이유는 간단합니다. 모르니까 그럽니다. 한 발만 더 가면 떨어져서 죽을 수 있다는 사실을 모릅니다. 성경에서 말하는 지옥이 진짜 있다는 것을 모릅니다. 모르니까, 죽으면 끝인 줄 아니까 인생을 즐기며 인생사진 찍는 데 전념하는 것입니다. 여기서 이들에게 우리가 해야 할 일이 뭘까요? 알려 주는 겁니다. 너 절대 움직이지 말라고, 한 발만 더 가면 낭떠러지 아래로 떨어져 죽는다는 사실을 알게 하는 것입니다.

지옥은 구조될 희망이 0입니다. 빠져나올 일말의 가능성도 없습니다. 저는 수학을 전공해서인지 숫자에 민감합니다. 살 가망성이 0퍼센트인 곳에 사람이 가도록 놔둘 수가 없습니다. 마음이 아립니다. 머릿속이 바빠집니다. 손에 식은땀이 납니다. 이럴 때는 기도하고 만나고 맛있는 거 같이 먹으면서 복음을 전해야 합니다.

저는 그랜드캐니언 사진을 수십 장씩 출력해 놓았습니다. 새벽기도를 마치고 오늘 전도할 사람이 누구인지 기도 중에 성령님께 묻습니다. 그러면 성령님이 떠오르게 하는 사람이 하나둘 있습니다. 그러면 그 사람이 지금 낭떠러지 위에 있다고 생각하고 사진에 이름을 적습니다. 그날은 거기에 이름 적힌 사람을 위해 더더욱 기도합니다. 연락해 보고 가급적 꼭 만나 밥도 먹고 차도 마시며 좋은 시간을 보냅니다. 이야기하며 복음도 전하고 교회에 같이 가자고 권면합니다.

내가 정말 사랑하는 사람이 절벽 낭떠러지 위에 있다고 생각해 보세요. 그러면 절대 그냥 두고 돌아설 수가 없습니다. "나는 분명히 얘기했다. 너 한 발짝만 더 가면 떨어져서 크게 다치거나 잘못하면 죽는다. 난 얘기했으니 책임 없다" 하고 돌아서서 간다면 진짜 그 사람을 사랑하는 것이 아닙니다. 사랑하면 절대 못 갑니다. 꼼짝 못하도록 무서운 말로 소리치고 엄포를 놓든, 먹을 것으로 달래든 수단과 방법을 가리지 않고 안전한 곳으로 이끌 것입니다. 이럴 때일수록 지혜롭게 그 자리를 벗어나게 돕는 게 우리의 임무가 아닐까요?

전도의 A, B, C

제가 교회에서 복음을 전하고 전도 간증집회, 전도 특강, 전도 세미나를 진행하면 가장 많이 받는 질문 두 개가 있습니다. 하나는 "전도하기가 참 어려운데, 어떻게 하면 전도를 잘할 수 있나요?"이고, 또 하나는 "친구에게 복음 전하다가 사이가 멀어질까 봐 걱정되는데, 사이가 멀어지지 않고 복음 전할 수 있는 방법이 있나요?"입니다. 저는 이 두 가지 질문에 이렇게 답합니다.

"전도의 A, B, C만 잘 지키면 됩니다."

제가 예수님을 갓 믿고 전도할 때였습니다. 한 친구를 전도하고 싶어서 정말 잘해 주었습니다. 하루는 주말에 대학교 도서관에 공부하러 갔는데 그 친구가 전방 50미터 앞에 보였습니다. 저는 너무나 반가운 마음에 손을 높이 들고 흔들며 친구의 이름을 크게 불렀습니다. 그 친구도 저를 보며 몹시 반가워할 줄 알았는데, 인사는커녕 저를 보자 당황하더니 옆에 나 있는 개구멍으로 도망치는 게 아니겠습니까? 너무나 놀라고 마음이 아팠습니다. 제가 하도 교회 이야기, 예수님 이야기만 하니 질렸던 모양입니다.

길에 우두커니 서서 하나님께 기도했습니다.

"저 마음이 너무 아파요. 이러다가 전도는커녕 제 주위 친구들이 다 도망가고 왕따가 될 것 같습니다. 전도를 어떻게 하면 좋을까요? 지혜를 주세요."

성령님이 이런 마음을 주셨습니다.

"병호야, 너 학교에서 수학 어떻게 배우니?"

"수학 시간이 되면 A반(상급반), B반(중급반), C반(기초반) 이렇게 세 반으로 나누어서 수학을 배웁니다."

"전도도 그렇게 해 보렴."

저는 그 말씀을 듣고 너무나 기뻤습니다. 하나님의 놀라운 지혜가 제게 파도처럼 밀려 들어왔습니다.

A그룹에게 필요한 건 강권이다

전도 대상자에게 "교회 어떻게 생각해? 교회 한번 가 볼래?" 하고 인사처럼 가볍게 물어봤을 때 "나 주일학교 출신이야. 나 교회 몇 년이나 다녔었어. 수련회도 가 봤어. 어릴 때 성가대도 했어. 나 성경 아는 거 많아. 지금은 좀 식었지만 그땐 나 믿음이 엄청 좋았어"라고 얘기하는 사람이 있습니다. 이런 사람들이 A그룹(상급반)에 속합니다. 저는 이런 사람들을 열매에 빗대어 '홍시'라고 부릅니다. 맛있는 홍시는 바로 따야 합니다. 오래 두면 새가 와서 쪼아 먹어 버리거나 땅에 떨어지면 뭉개지고 깨져서 개미만 들끓을 뿐입니다.

홍시에 속한 사람들은 이미 때가 찬 분들입니다. 이들에게는 지혜롭게 강권만 잘하면 됩니다. 제 주위에서 10-15퍼센트 정도 되는 사람들이 여기에 속합니다. 전도는 강권을 잘해야 합니다. 강권이 곧 능력입니다. 강권을 잘하는 사람이 전도를 잘합니다. 강권의 뜻이 무엇입니까? 강력하게 권한다는 뜻입니다. 강권은 영어로 'press'입니다. '누르다, 압력을 가하다'라는 뜻이지요. 형용사로 'pressing'은 '거절하기 힘든, 무시하기 힘든'이라는 뜻이 있습니다. 한마디로 강권을 지혜롭게 잘하면 이상하게 거절하기도, 무시하기도 힘듭니다.

강권을 잘하는 사람들은 상대방과의 거리 조절을 잘합니다. 마치 두 사람 사이에 풍선이 하나 있는데, 터지게도 하지 않고 땅에 떨어뜨리지도 않게 조절을 잘하는 것입니다. 친구가 한 발짝 멀어지면 나는 오히려 한 발짝 다가갑니다. 한 발짝 멀어졌다고 두 발짝 다가가면 풍선이 터져 버릴 수 있습니다. 반대로 한 발짝 멀어졌는데 내가 가만히 있으면 풍선은 힘없이 땅에 떨어집니다. 때로는 과감하게 다가가야 합니다. 지혜도 필요합니다.

A에 해당하는 사람에게는 지혜롭게 강권하면 교회에 잘 나오고 복음이 쉽게 '슝~' 하고 들어갑니다. 그래서 이런 사람에게는 머뭇머뭇해서는 안 됩니다. 기도했다면 담대하게 "예수님 한번 믿

어 보자. 예수님 한번 만나 보자. 교회 한번 가 보자" 하고 말하면 됩니다. 'pressing'을 잘해서 교회로 데려오면 됩니다. 거리가 멀면 집 근처 좋은 교회에 갈 수 있도록 도와주면 됩니다. 여러분의 지혜와 용기에 성령님의 기름부음이 흘러넘칠 것입니다.

B그룹에게는 꾸준히 잘해 주어야 한다

B그룹(중급반)에 속한 분들을 열매로 비유하면 '익어 가는 감'입니다. 전도 대상자의 70-80퍼센트가 여기에 속합니다. 교회를 좋아하지도, 싫어하지도 않는 사람들입니다. 이 사람들은 대화 중에 어쩌다가 교회 가자는 말이 나오면, "다음번에 갈게" 하면서 화제를 돌립니다. 이런 사람들에게는 꾸준히 잘해 주면 됩니다. 그러면서 누가 A로 올라가게 될지 파악합니다.

C그룹에게 필요한 건 예의 있는 초청 멘트다

이제 C그룹(기초반)입니다. 사실 전도할 때 여기에 속하는 분들만 유의하면 됩니다. C에 속한 사람들은 일명 '땡감'입니다. 교회를 싫어하고 거부감이 강한 사람들입니다. 땡감은 떫습니다. 먹을 수 없습니다. 이 땡감이 익어 가려면 햇빛과 물과 양분 그리고 시간이 필요합니다. 마찬가지로 C에 속한 사람들도 기도와 사랑과 친절과 섬김 그리고 시간이 필요한 것입니다.

저는 C그룹에게는 교회, 예수님, 기독교 이야기를 하지 않습니다. 그냥 친하게만 지냅니다. 왜냐하면 여기에 속한 분들에게 교회 이야기를 계속하거나 예수님을 바로 전하면 더 멀어져 버립니다. 이분들을 위해 평소에 기도하며 사랑하는 만큼 친절을 베풀고 사랑하는 만큼 꾸준히 섬겨야 합니다. 그러다 보면 그 친구가 자연스럽게 이렇게 말하는 날이 옵니다.

"병호야, 나는 네가 교회 다니는 거 말고는 다 좋아."

"병호야, 너 예수쟁이인 거 말고는 다 좋아."

이런 말을 들으면 된 것입니다. 내가 잘하고 있다는 뜻이니까요. 이들에게 새 영과 새 마음을 주시는 분도 성령님이요, 이들의 굳은 마음을 제거하고 부드러운 마음을 주시는 분도 성령님입니다. 다만 성령님이 하시는 일들은 성령님이 하시게 하고, 내가 해야 할 일은 내가 해야 합니다. 내가 할 수 있는 일, 내가 섬길 수 있는 일을 할 때 성령님이 그 일을 통해 역사하십니다.

참 감사하게도 땡감에게도 복음을 전하고 교회로 인도할 수 있는 기회가 있습니다. 제 경험상 1년에 다섯 번의 기회가 있는 것 같습니다. 첫 번째는 부활절이고, 두 번째는 부처님 오신 날, 세 번째는 추수감사절이고, 네 번째는 가을 새친구 초청주일입니다. 그리고 마지막 다섯 번째는 크리스마스입니다.

땡감인 친구에게 예의를 지켜 이렇게 말합니다.

"친구야, 너 교회 싫어해서 내가 평소에 교회 얘기 절대 안 하는 거 알지?"

"응, 알지."

"그런데 이번 부처님 오신 날에 우리 교회에서 체육대회 하거든. 너 운동 좋아하니까 한번 와 볼래? 와서 즐겁게 운동도 하고 선물도 받아. 좋은 친구도 많은데 내가 소개시켜 줄게."

이렇게 말하면 어떤 친구는 "내가 운동은 좋아하는데 아직 교회는 좀 그래. 다음에 갈게" 합니다. 그러면 "솔직하게 말해 줘서 고마워. 내가 다음번에 우리 교회 행사 있을 때까지 교회 얘기 안 할게"라고 말합니다. 아마도 친구는 '씨익' 하고 웃어 줄 것입니다.

이렇게 땡감과 대화를 마쳤다면 저는 교회에 중요한 행사가 있을 때만 이야기합니다. 최대한 지혜롭게 이야기하고, 교회로 인도하여 복음을 들을 수 있는 기회를 주려고 합니다.

"부활절은 크리스마스와 더불어 교회에서 가장 중요한 날 중에 하나야. 이날 교회에서 계란 나눠 줘. 이번에 교회 가서 계란도 먹고 다른 맛있는 것도 먹자."

"추수감사절은 하나님께 감사드리는 날인데, 교회에서 행사도 하고 맛있는 것도 많이 나눠 줘."

"새친구 초청주일은 친구 초청해서 잔치하고 선물 주는 날이라 가벼운 마음으로 가도 괜찮아."

"크리스마스는 어떤 날인지 알지? 교회 안 다니는 사람도 1년
에 한 번은 교회 가는 날이라고. 그러니 이번에 교회 같이 가자."

어떻습니까? 아무리 땡감이라도 1년에 다섯 번이나 전도 기
회가 있습니다. 기회를 잡아서 지혜롭게 이야기하면 됩니다.

전도의 우선순위 법칙

일상생활에서도 우선순위 법칙이 존재합니다. 보통 중요성과
긴급성을 가지고 1순위부터 4순위까지 나눕니다.

1순위 | 중요하지만 긴급하지 않은 일
2순위 | 중요하고 긴급한 일
3순위 | 중요하지 않지만 긴급한 일
4순위 | 중요하지도 않고 긴급하지도 않은 일

중요하지만 긴급하지 않은 일을 평소 1순위에 두고 매진하는
사람이 현명하고 성실한 사람입니다. 매일같이 중요하고 긴급한
일에 매달리는 사람은 발등에 불이 떨어져야만 행동하는 사람입
니다. 중요하지만 긴급하지 않은 일을 평소에 했으면 이 일이 중요

하고 긴급한 일로 바뀌지 않았을 것입니다. 평소에 미루다 보니 이 일이 긴급하지 않은 일에서 긴급한 일로 바뀐 것입니다.

예를 들면, 방학 한 달간 매일 일기 쓰기가 과제로 주어졌다고 합시다. 일기를 매일 저녁에 부지런히 쓴다면 이 일은 중요하지만 긴급하지는 않은 일이 됩니다. 그러나 일기 쓰기를 미루다가 방학 끝나기 하루 전에 몰아서 쓴다면 이 일은 중요하고 긴급한 일이 되고 마는 것입니다. 하루 남겨 두고 일기를 쓰면 그간 일들이 기억도 잘 안 나고 제대로 된 일기를 쓸 수도 없을 것입니다. 그래서 현명한 사람, 부지런한 사람은 평소에 일기를 써서 긴급하지 않은 일이 긴급한 일이 되지 않도록 합니다.

이렇게 우선순위를 자세히 말씀드린 이유가 있습니다. 일을 순위를 나눠 효율적으로 깔끔히 처리하면 '전도 타임'을 충분히 확보할 수 있다는 말씀을 드리고 싶었기 때문입니다. 또 전도 대상자도 우선순위를 정해서 복음을 전하고 전도할 수 있습니다. 종이를 꺼내서 전도 대상자를 30명 정도 뽑아 봅니다. 여기에는 장기결석자도 들어가고, 예수님 믿는데 교회 안 나오고 집에서 예배드리는 일명 '가나안 성도'들도 포함시키는 게 좋습니다. 휴대전화 연락처나 카카오톡 친구 목록을 보면서 하는 것도 도움이 됩니다. 그리고 일렬로 줄을 세워 봅니다. 기독교에 대한 마음이 어느 정도 열려 있으면 앞쪽에, 거부감이 크면 뒤쪽에 놓습니다. 그렇게 순서대로 줄을 세웠다면 번호를 매겨 봅니다. 그럼 1번에서 30번까지 번호가 매겨지겠죠?

> 1-5번 | A 홍시
> 6-25번 | B 익어 가는 감
> 26-30번 | C 땡감

저는 이렇게 전도 대상자에도 우선순위를 두고 합니다. 먼저 누가 홍시에 속하고, 누가 익어 가는 중이고, 누가 땡감인지 파악합니다. 그러고 나면 먼저 월요일에 1-3번까지 전화 연락을 해서 즐겁게 일상을 나눕니다. 그중 1번과는 식사 약속도 잡습니다. 화요일엔 4-6번과 전화 통화를 하고, 2번과는 만나 탁구 한 판 합니다. 수요일엔 7-9번과 전화 통화를 하고 3번과 만나 커피 한잔하며 카페에서 이야기를 나눕니다.

이런 식으로 우선순위를 두고 전도를 합니다. 이렇게 하다 보면 마음이 게을러질 수가 없습니다. 은행에서 대기표를 뽑으면 내 앞 대기 인원만큼 기다려야 내 차례가 오는 것처럼, 전도 대상자의 우선순위를 잡아 놓으면 앞 사람을 빨리 만나 전도해야 뒷 번호에 있는 분들을 차곡차곡 만날 수 있습니다. 그러니 어떻게 전도에 게으름을 피울 수 있겠습니까?

참고로 1-5번을 모두 전도했다면 다음 번호가 1번이 됩니다. 순위가 올라가는 것입니다. 그러다 보면 곧 A가 되려는 B+, 완전

중간 정도인 B, 이전까지 C였던 B- 등 좀 더 세분화된 순위가 생길 수 있습니다. 이렇게 나만의 방법으로 지혜를 더하다 보면 전도가 더욱 흥미롭고 즐거워질 것입니다.

핵심은 오늘의 전도를 내일로 미루지 않는 것

전도할 때 가장 중요한 것은 오늘 할 일을 내일로 미루지 않는 것입니다. 즉 전도를 습관화하는 것입니다. 저는 하루 전도를 할 때 다음 두 가지 방법을 실천합니다. 이중 내게 맞는 방법을 선택해 보기를 권합니다.

첫째, 앞서 말한 것처럼 절벽 사진 위 빈칸에 이름을 적고 종일 그분을 위해 특별히 기도하는 것입니다. 구원받게 해달라고, 예수님 믿게 해달라고, 교회 올 수 있는 마음을 달라고 간절히 기도합니다.

기도를 마치면 바로 그날 전화로 연락을 합니다. 가능하면 만나서 밥을 먹습니다. 분위기 좋은 곳에서 이야기를 나누는 것도 좋습니다. 운동이나 산책을 해도 좋고요. 그러다가 기회를 봐서 지혜롭게 복음을 전하고 교회에 가자고 권합니다. 하루에 한 명도 좋고 두세 명도 괜찮습니다. 아니면 이틀이나 사흘에 한두 명, 일주일에 한두 명도 괜찮습니다. 자신의 상황과 역량에 따라서 기도하고 기뿜으로 정하면 됩니다.

둘째, 전도 타임을 갖는 것입니다. 하루에 자신이 가장 괜찮은 시간을 정해 전도하는 데 사용합니다. 3분도 좋고, 5분도 좋고, 10분도 좋습니다. 15분도 좋고, 30분도 좋고, 한 시간도 좋습니다. 단, 처음부터 시간을 길게 잡으면 부담이 돼서 중간에 포기하게 됩니다. 그리고 날마다 시간이 같지 않아도 됩니다. 어제 5분 했다면, 오늘은 15분, 모레는 10분 해도 좋습니다. 중요한 것은 꾸준히 계속하는 것입니다.

공부든 운동이든 악기 연주든 무엇이든 배우려면 꾸준히, 부지런히 하는 것이 최고입니다. 오늘 할 분량을 미루지 않고 매일 조금씩이라도 몸에 익히다 보면 어느새 실력이 늘어 있을 것입니다. 자신에게 맞는 분량과 방법을 찾는 것이 중요합니다.

네 양 떼의 형편을 부지런히 살피며 네 소 떼에게 마음을 두라

잠 27:23

의인의 열매는 생명 나무라 지혜로운 자는 사람을 얻느니라

잠 11:30

열혈 연합 전도왕

전도자는 센스 있는 보아스다

어떤 사람은 전도는 힘들고 고통이라고 생각합니다. 그러나 전도를 너무 어렵게만 생각하지 않았으면 좋겠습니다. 전도 또한 얼마든지 즐기며 감사함으로 할 수 있습니다.

인생은 선택과 집중의 연속이라지요. 우리는 다음의 세 가지 삶 중에 선택할 수 있습니다.

첫째, 전도를 아예 하지 않는 삶.

둘째, 교회 안에서 지위와 체면이 있으니

억지로 마지못해 전도하는 삶.

셋째, 전도를 마음껏 즐기고 감사하는 삶.

억지로 공부 몇 시간 동안 해봐야 머릿속에 남는 거 하나도 없습니다. 전도 또한 억지로 해봐야 열매가 없습니다. 기쁘고 즐겁게 집중해서 공부할 때 장기기억으로 머릿속에 저장됩니다. 마찬가지로 전도도 즐기면서 감사함으로 할 때 하나님이 그 귀한 영혼을 붙여 주시며 귀한 열매를 맺게 해주십니다.

손경민 씨의 "은혜"라는 찬양 2절에 이런 가사가 나옵니다.

"복음을 전할 수 있는 축복이 당연한 것 아니라 은혜였소."

우리가 복음을 전할 때 이런 마음으로 임하면 좋겠습니다. 마음만 먹으면 어디서든 마음껏 전도할 수 있는 것은 당연한 것이 아니라 은혜이고 축복입니다. 이 찬양의 가사처럼 우리는 복음을 전할 수 있는 축복을 받았습니다. 아껴 두다 썩히지 말고 마음껏 활용해서 기쁨과 행복과 충만함을 누리고 하나님께 마음껏 칭찬받는 전도자가 되기를 축복합니다.

전도자는 예수님의 향기를 내는 사람이다

전도를 할수록 깨닫는 것이 있습니다. 전도는 내가 하는 것이 아니라 하나님이 붙여 주신다는 것입니다. 그러니까 하나님은 전도자를 자석처럼 만드십니다.

자석은 자력이 있습니다. 자력이 없는 자석은 쇳덩어리에 불과합니다. 이 쇳덩어리를 누가 소중히 여기겠습니까? 쇳덩어리가 되지 않으려면 우리는 자력이 센 강력한 자석, 품질 좋은 자석이 되어야 합니다. 자력이 세면 멀리 있는 못, 굵은 못, 큰 못이 턱턱 잘 붙는 것처럼 우린 강력한 자력을 가진 자석이 되어야 합니다. 저는 항상 마음속에 이 말씀을 되새기고 오늘 하루를 살아갑니다.

너희는 세상의 소금이니 소금이 만일 그 맛을 잃으면 무엇으로 짜게 하리요 후에는 아무 쓸 데 없어 다만 밖에 버려져 사람에게 밟힐 뿐이니라 마 5:13

우리는 제대로 짠 맛을 내는 소금이 되어야 하고, 강력한 자력을 지닌 좋은 자석이 되어야 합니다. 자력이 강력한 자석, 짠맛을 제대로 내고 불순물도 전혀 없는 아름다운 고급 소금이 되도록 합시다. 저는 날마다 강력한 자력을 지닌 자석이 되어 많은 사람을 붙여 달라고 기도합니다. 그럼 자력은 무엇일까요?

첫째, 자력은 바로 기도입니다. 그리고 보면 전도의 99퍼센트가 기도인 것 같습니다. 예수님도 기도 외에 다른 것으로는 이런 종류가 나갈 수 없다고 하셨습니다(막 9:29). 기도가 없으면 성령님의 역사도 없습니다. 전도는 논리로 설득하는 것이 아닙니다. 하나님이 그 마음을 만져 주셔야 가능합니다. 그래서 저는 마가복음 9장 29절 말씀을 붙잡고 VIP를 위해 매일 새벽마다 기도합니다.

둘째, 자력은 그리스도의 향기입니다. 달리 말해 우리에게서 품어져 나오는 예수 그리스도의 성품입니다. 여기에는 여러 요소가 있겠지만, 그중에서 대표적인 네 가지 '따뜻함' '사랑' '친절' 그리고 '영향력'을 뽑을 수 있습니다. 이 네 가지 성품이 있는 사람에게서 예수 그리스도의 향기를 느끼게 됩니다.

따뜻함이란 포근한 사람, 온유한 사람, 부드러운 사람에게서 나옵니다. 상대의 이야기를 귀담아 들어 주고 위로해 주는 사람입니다. 이상하게 그 사람과 함께 있으면 따뜻해서 좋습니다. 보호받을 것 같고, 내 편이 되어 줄 것 같습니다. 신뢰할 수 있어서 내 모든 상황을 다 말해 주고 싶어집니다.

사랑이 넘치는 사람은 용서할 줄 아는 사람, 품어 주는 사람입니다. 이런 사람은 그릇의 크기가 크고, 포용할 줄 압니다. 자기 속을 깔짝깔짝 긁어도 귀엽게 봐주고, '그럴 수도 있지' 하고 웃어 줍니다. 잘못을 해도 바로 지적하지 않고 먼저 이해하려 노력하며, 상대방의 상황이 괜찮은지 먼저 물어봐 줍니다.

친절한 사람은 항상 상대방을 도와주려 하고 베풀며 상대를 먼저 생각합니다. 이런 사람은 남을 스스럼없이 잘 돕고, 여유가 있습니다. 한마디로 매너가 좋은 사람입니다. 이런 사람들은 상대의 일을 마치 자기 일처럼 생각합니다. 타인의 아픔을 자신의 아픔으로 여기고 기도해 줍니다. 길을 잃고 방황하는 사람에게 자신의 시간을 내어주며 친히 손을 잡고 옳은 길로 인도해 줍니다.

선한 영향력을 가진 사람은 무슨 일을 하든 크게 느껴지는 사람입니다. 자기 일에 전문가이고 그 사람과 함께 있으면 나마저 선한 영향력이 저절로 차오릅니다. 내가 그 사람 때문에 비전을 품고 꿈을 꾸게 됩니다. 내게도 미래와 희망이 있음을 깨닫게 됩니다. 그래서 포기하지 않고 다시 도전하게 만드는 사람입니다.

이 밖에도 예수 그리스도의 향기를 느끼게 하는 많은 성품이 있겠지만 대부분 이 네 가지 안에 포함되는 것 같습니다. 그리고 저는 이 네 가지를 이정화 목사님에게 양육받으며 경험했습니다. 그분은 제게 복음을 전하기 위해 밤낮으로 끊임없이 기도해 주셨고, 따뜻함과 사랑으로 저를 품어 주셨으며, 친절함과 거룩한 영향력으로 저를 예수님의 향기로 물들이셨습니다.

이 중에서 자신이 가장 자신 있는 것 한 가지만 실천해도 좋습니다. 기도하며 노력하다 보면 점차 갖게 되는 예수님의 성품이 늘어날 것입니다. 마침내 네 가지 성품을 골고루 갖추게 되었다면 그 사람은 예수님의 진정한 향기를 내는 참 리더 자리에 올라섰다고 해도 과언이 아닙니다.

'자리가 사람을 만든다'는 말은 그 자리에 맞는 예수 그리스도의 향기를 내는 사람이 되어야 한다는 말이라고 생각합니다. 우리 크리스천은 왕 같은 제사장 신분을 가진 자들입니다. 그 자리에 걸맞은 예수 그리스도의 향기가 가득한 성품으로 무장해야 합니다. 이런 성품으로 무장했을 때 "교회 다니는 사람은 역시 달라" "예수님 믿는 사람은 확실히 다르네"라는 말을 듣게 될 것입니다. 그런

사람이 된다면 그를 통해 수많은 사람이 예수님에게로 나오게 될
것입니다.

> 그러나 너희는 택하신 족속이요 왕 같은 제사장들이요 거룩한
> 나라요 그의 소유가 된 백성이니 이는 너희를 어두운 데서 불러
> 내어 그의 기이한 빛에 들어가게 하신 이의 아름다운 덕을 선포
> 하게 하려 하심이라 벧전 2:9

전도자는 대체품이 없다

어느 유명한 목사님의 말씀을 통해 소금과 빛의 놀라운 공통
점을 알게 되었습니다. 바로 둘 다 대체품이 없다는 사실입니다.

언젠가 요리 채널을 보는데 신기한 것을 배웠습니다. 음식을
할 때 건강하게 단맛을 내려면 설탕 대신 과일을 쓰면 된다고 했습
니다. 그래서 갈비찜 같은 음식을 할 때 배와 양파, 사과 같은 과일
을 갈아서 넣습니다. 그런데 소금은 대체품이 없습니다. 짠맛은 소
금만 낼 수 있습니다. 음식에 소금을 넣어야지만 부패하고 상하는
것을 막을 수 있습니다.

소금에 이런 특징이 있기에 주님도 우리더러 세상에 소금이
되라고 하는 것 같습니다. 크리스천다운 바름과 정직함으로 내가

열혈 연합 전도왕

속한 곳 어디든 부정이 없고 행복과 기쁨이 넘치는 모임이 되게 하라는 것입니다. 반대로 맛을 잃어버린 소금은 길거리에 버려져 밟힐 뿐입니다.

> **너희는 세상의 소금이니 소금이 만일 그 맛을 잃으면 무엇으로 짜게 하리요 후에는 아무 쓸 데 없어 다만 밖에 버려져 사람에게 밟힐 뿐이니라** 마 5:13

이 말씀이야말로 우리 크리스천들이 가슴에 꽉꽉 새겨야 할 구절입니다.

빛도 마찬가지입니다. 어둠을 물리칠 수 있는 게 빛 말고는 없습니다. 빛이 미친 범위까지만 어둠이 뒤로 물러나게 됩니다. 그러니 빛을 내는 등불을 숨기지 않고 높이 답니다.

> **사람이 등불을 켜서 말 아래에 두지 아니하고 등경 위에 두나니 이러므로 집 안 모든 사람에게 비치느니라** 마 5:15

우리는 참 감사하게도 소금과 빛으로 빚어진 자들입니다. 대체품이 없는 소금과 빛으로 세워진 사람이니 얼마나 감사한 일입니까? 저는 소금과 빛이 대체품이 없다는 사실을 알고 나서 이 말씀이 이렇게 다가왔습니다.

"내가 지금 만나고 있는 비신자에게 복음을 전할 유일한 사람이 바로 나다! 나는 대체품이 없다!"

전도 대상자의 보아스가 되어

우리 인생에 우연이 있을까요? 물론 아니죠! 내 삶은 태어나 지금까지 다 하나님의 놀라운 섭리와 계획 안에서 돌아가고 있습니다. 룻기 말씀에도 보면 잘 나와 있습니다.

룻이 가서 베는 자를 따라 밭에서 이삭을 줍는데 우연히 엘리멜렉의 친족 보아스에게 속한 밭에 이르렀더라 룻 2:3

룻이 우연히 간 곳이 보아스에게 속한 밭이었습니다. 참 신기하죠! 그런데 더 신기한 것은 다음에 나옵니다.

마침 보아스가 베들레헴에서부터 와서 베는 자들에게 이르되 여호와께서 너희와 함께하시기를 원하노라 하니 그들이 대답하되 여호와께서 당신에게 복 주시기를 원하나이다 하니라 보아스가 베는 자들을 거느린 사환에게 이르되 이는 누구의 소녀냐 하니

룻 2:4-5

때마침 보아스가 베들레헴에서부터 와서 룻과 만납니다. 이것이 우연일까요? 아니죠! 하나님이 타이밍이 딱 맞게 보아스와 룻을 만나게 하신 것입니다. 이 만남 이후로 보아스는 룻에 대한 좋은 소문을 들었다며 칭찬하고 위로합니다. 그리고 여러 친절을 베풀고 결국 나중에 룻을 아내로 맞아들입니다.

저는 아직 예수님을 모르는 사람이 룻 같고, 예수님을 먼저 만난 사람이 보아스 같다는 생각을 종종 합니다. 보아스에게는 룻을 도울 재력과 친절을 베풀 능력이 있었습니다. 그래서 룻을 돕고 그녀에게 친절을 베풀었습니다. 우리도 예수님을 모르는 사람에게 보아스가 되어 주어야 합니다.

룻에게 보아스가 없었다면 굶어 죽었을 수도 있고, 나쁜 사람들에게 괴롭힘을 당했을 수도 있습니다. 마찬가지로 우리가 아니면 매일 만나는 그 사람이 예수님을 몰라서 지옥에 가야 합니다. 그러나 룻과 같은 그들이 우리를 만나 하나님을 알고 믿게 되면 인생이 바뀝니다. 마치 과부에 이방인인 룻이 보아스를 만나 다윗의 증조할머니가 되고 예수 그리스도의 족보에 이름을 올리며 인생역전을 경험한 것처럼요.

그래서 저는 늘 생각합니다. 예수님 믿지 않는 사람이 제 앞에 있으면 저는 그 사람에게 대체품이 없는 소금과 빛이라고 말이지요. 그리고 그와 나의 만남은 우연이 아니라 하나님이 보아스인 내게 룻을 보내 주신 것이라고 생각합니다.

이렇게 생각하지 않으면 곤란한 일이 생깁니다. 복이 보이는 자리엔 "주님, 저를 보내 주시옵소서"라고 할 것이지만 복음을 전해야 하는 자리, 어려운 자리, 영적 전쟁을 치러야 하는 자리에는 "주님 저기 ○○장로님을 보내소서. 아니면 ○○권사님이나 ○○집사님을 보내소서. 저는 아니되옵니다"라는 기도를 하게 될지 모릅니다. 이런 기도와 태도는 하나님의 마음을 아프시게 합니다. 우리는 다윗처럼 하나님의 마음을 기쁘게 하고 시원케 해드려야 할 사람들입니다.

충성된 사자는 그를 보낸 이에게 마치 추수하는 날에 얼음 냉수 같아서 능히 그 주인의 마음을 시원하게 하느니라 잠 25:13

우리 모두 대체품이 없는 제대로 된 소금과 빛이 되어 봅시다. 하나님께 억지로 끌려 나온 보아스가 아닌 센스 있게 바로 알아차려서 룻에게 먼저 도움의 손길을 내미는 참 보아스가 되어 봅시다.

전도는 상대의 필요를 채워 주는 것이다

전도는 관심입니다. 솔직히 말해서 전도는 안 하는 거지 못하는 것이 아닙니다. 몇 번 해봤는데 어려우니 시도를 안 하려고 할 뿐입니다. 그래서 전도의 첫 시작은 관심입니다. 관심이 있어야 기도하고 상대방의 필요를 채워 주려고 노력하게 됩니다. 관심을 가지다 보면 감동을 줄 수 있습니다.

사기꾼은 못 잡아도 예수님은 붙잡아라

중학교 때 같이 불교 활동한 선배님에게 정말 오랜만에 전화가 왔습니다. 형님의 아버지가 사업을 하셨는데 보증을 잘못 서는 바람에 부도가 났다고 했습니다. 그날이 금요일 저녁이었습니다.

철야예배 가기 직전이었는데 10분 넘게 통화가 이어졌습니다. 제가 "형님, 전화로만 나눌 이야기가 아닌 것 같습니다. 직접 만나서 이야기합시다"라고 말했고, 형님이 한걸음에 제가 예배드리는 교회로 왔습니다.

그렇게 교회에서 형님과 두 시간 가까이 이야기를 나누었습니다. 형님은 대화를 마치면서 제게 많이 고마워했습니다. 제게 사정을 말한다고 문제가 해결되는 것은 아니지만, 그래도 어느 누구한테도 말할 수 없는 이야기를 다 털어놓고 나니 마음이 너무 홀가분하다고 했습니다. 저도 여기까지 와서 저를 믿고 이야기해 준 것에 감사를 전했습니다.

무엇보다 저는 형님의 이야기를 듣고 어머니가 걱정되었습니다. 형님의 어머니는 집안에 어려움이 생기면서 소주를 한 병 들이켜야 주무실 수 있을 정도로 마음이 무너져 있다고 했습니다. 저는 형님에게 어머니와 함께 교회에 오실 것을 권했습니다.

"형님, 어머니 그대로 두면 진짜 큰 병 생길지도 몰라요. 제가 우리 교회에 계신 좋은 권사님과 집사님을 소개해 드릴게요. 큰 위로와 힘이 되어 드릴 거예요."

형님이 고개를 절레절레 저으며 말했습니다.

"병호야, 나는 올 수 있어. 그렇지만 우리 어머니는 절대 안 오실 거야. 너 우리 어머니 잘 알잖아. 매일 새벽 4시에 일어나서 불경 틀어 놓고 3,000개 염주 세는 분인데…."

"제가 점심 대접해 드릴게요. 예배는 드리지 않고 점심 식사만 하고 가셔도 되니 꼭 한번 말씀드려 보세요."

헤어지기 전에 형님의 두 손을 꼭 잡고 집안 문제를 잘 해결해 달라고 간절히 기도했습니다.

주일 아침, 7시 조금 넘어서 형님에게 전화가 왔습니다. 보통 주일 아침 일찍 오는 연락은 '사정이 생겨서 오늘 교회 못 오게 됐어. 미안해 다음번에 꼭 갈게' 같은 내용입니다. 형님도 오늘 못 온다는 이야기를 하려나 했습니다. 그런데 전화를 받아 보니 형님이 격양된 목소리로 이야기했습니다.

"병호야, 큰일났다. 우리 어머니가 교회 오신대. 예배도 드리실 모양이야."

"와! 형님, 알겠습니다. 그럼 10시 30분에 교회 앞에서 만나요."

저도 정말 놀랐습니다. 전날 미리 믿음 좋고 사랑이 많은 권사님과 집사님에게 연락을 드리고 기도 부탁도 드렸는데, 진짜 어머니가 오신다고 하니 너무 기뻤습니다.

교회 1층 로비에서 만난 형님의 어머니는 정말 자상하고 인자해 보였습니다. 그런데 눈에 띄는 것이 있었습니다. 목에 불교를 상징하는 펜던트, 그것도 엄청 큰 목걸이를 하고 오신 것입니다. 펜던트가 너무 커서 멀리서도 한눈에 알아챌 수 있었습니다. 속으로 '하나님, 오늘 필히 어머니를 만나 주시고 성령님 꼭 역사해 주세요!' 하고 놀란 마음을 가라앉히며 기도했습니다.

어머니로서는 생전 처음 와 본 교회가 얼마나 낯설게 느껴졌겠습니까? 그래서 최대한 밝은 미소를 지으며 인사했습니다.

"어머니, 안녕하세요. 최병호입니다. 이렇게 귀한 시간 내주시고 교회까지 와주셔서 감사드립니다."

형님과 어머니를 모시고 예배당 안으로 들어갔습니다. 그런데 어머니가 예배당에 들어오자마자 눈물을 흘렸습니다. 어머니는 "예배당 안에 들어오니까 나도 모르게 눈물이 계속 나네"라고 말씀했습니다. 그때 저는 마음속으로 '할렐루야'를 외쳤습니다. 왜냐하면 성령님이 어머니의 마음을 만지고 계시다는 것을 확신할 수 있었기 때문입니다. 찬양을 부르는 중에도, 말씀을 듣는 중에도, 마지막 축도 시간에도 어머니는 계속 우셨습니다.

예배 후 어머니께 미리 기도 부탁을 드렸던 권사님과 집사님을 소개해 드렸습니다. 그리고 근처 맛집에 가서 점심도 대접해 드렸습니다. 다음 주부터 저는 친한 형님의 어머니이니 제 큰어머니라 생각하고 매주 모시고 교회에 갔습니다.

셋째 주부터는 어머니 목에 걸려 있던 불교 펜던트가 보이지 않았습니다. 넷째 주에는 제가 깜짝 놀랐습니다. 어머니 목에 십자가 금목걸이가 걸려 있는 것이 아닙니까? 제가 기쁜 목소리로, "어머니, 너무 예쁜 목걸이를 하셨네요. 정말 예쁩니다" 하고 이야기했더니 어머니가 온화한 미소를 지으면서 말했습니다.

"이거 새로 산 거 아니야. 병호야, 나 예수님 진짜 인격적으로 만났잖아. 그래서 그 불교 펜던트를 녹여서 이 십자가 목걸이 만든 거야."

제가 얼마나 기쁘고 놀랐는지 모릅니다. 예수님을 인격적으로 만난 사실에 놀랐고, 그 믿음의 실행 첫 번째로 불교 펜던트를 십자가로 바꿨다는 사실에 두 번 놀랐습니다. 저는 하나님께 너무나 감사했습니다.

제 모교회인 수영로교회는 한 분기(3개월)마다 아홉 명 이상 전도를 한 지체에게 '아홉 영혼 찾기 상'을 수여했습니다. 예수님이 나병환자 열 명을 고쳐 주셨는데 그중 사마리아 사람 한 명만 와서 고맙다고 했습니다. 질병에서 나은 사람은 열 명이었지만, 그중 단 한 사람만 영혼 구원까지 받게 된 것입니다. 그러자 예수님이 그 찾아온 한 명에게 "나머지 아홉은 어디에 있느냐?" 하고 안타깝게 물으셨습니다(눅 17:11-19). 이렇게 나머지 아홉 영혼을 안타깝게 찾으시는 예수님의 마음으로 영혼 구원에 힘쓴 사람에게 주는 상이 '아홉 영혼 찾기 상'입니다.

그런데 어머니가 교회 오신 지 3개월이 채 안 되어서 이 상을 받았습니다. 제가 너무 놀라 어떻게 된 일인지 물었더니 어머니가 말했습니다.

"병호야, 내가 성경도 잘 모르고 교회에 대해서도 잘 모르잖니? 근데 교회 다니며 예수님 만나니 너무 좋아서 웃고 다녔어. 그랬더니 우리 사정 아는 사람들이 그 사기꾼 잡았냐고 묻기에 못 잡았다고 했지. 대신 교회를 다니게 되었는데, 예수님 만나서 너무 행복하고 기쁘다고 했어. 너무 좋아서 저절로 웃음이 나온다고. 당신도 나랑 같이 교회 가 보자고 했어. 그랬더니 사람들이 '네가 얼마나 큰 사기를 당했는지 내가 아는데, 미치지 않고서야 그럴 수 없다'면서 교회가 진짜인지 가짜인지, 그 말이 사실인지 거짓말인지 확인해 보겠다면서 따라왔어."

그렇게 온 새신자 중엔 어르신도 많았습니다. 어머니는 물질이 없는 중에도 정성껏 준비한 선물을 그분들에게 베풀며 섬겼습니다. 그 모습을 본 저는 눈물과 함께 큰 감동까지 받았습니다.

어머니는 사람들을 만나면 꼭 이렇게 말씀했습니다.

"이 좋은 예수님을 왜 이제야 만났는지 몰라요. 돈은 많이 잃었지만 덕분에 교회 나와서 예수님 만나고 구원도 받고 새 삶을 얻어서 얼마나 감사하고 행복한지 몰라요. 꼭 저랑 같이 교회에 가봐요."

뜨겁게 기도하며 열정적으로 전도하신 어머니를 보며 오히려 제가 많은 것을 배울 수 있었습니다.

상담으로, 기도로 형님의 필요를 채우다

하루는 몇 년 만에 아는 형님에게 연락이 왔습니다. 학교 선배님이자 동네 형님이었는데요, 세상적으로는 부러울 것 하나 없는 형님이었습니다.

"병호야, 형이 지금 많이 힘들다. 어떻게 말을 꺼내야 할지 잘 모르겠는데, 회사 다니는 게 너무 힘들고 그냥 죽고 싶다. 신경쇠약 걸려서 정신과 상담도 받고 약도 먹고 있다. 당장이라도 죽고 싶은데 처자식이 있어서 차마 못 죽겠다. 월요일만 되면 다시 회사 나가는 것이 죽기보다 힘들고 한숨밖에 나오지 않는다. 내가 왜 살아야 하는지 모르겠고, 너무 힘들다 보니까 모든 게 고민이고 근심이다. 아무리 봐도 내 주위에서 가장 행복해 보이는 사람이 병호 너더라고. 너는 학생들 상담도 많이 해봤을 테니까 나도 충분히 상담해 줄 것 같아서 이렇게 용기 내서 너한테 연락했다. 나 좀 도와줘라. 병호야."

저는 형님의 말을 다 듣고 마음속으로 기도하고 형님에게 차분히 이렇게 말했습니다.

"형님, 얼마나 힘이 드셨으면 이렇게 전화까지 주셨을까 생각하니까 먼저 제 마음이 너무 아픕니다. 형님 말씀대로 제가 최선을 다해서 도와드리겠습니다. 제가 도와드릴 수 있다고 확신하는 이유가 있습니다. 지금 형님 머릿속에는 죽음, 두려움, 근심, 걱정, 불안, 포기, 낙심 같은 단어로 가득 차 있는 것 같아요. 그런데 제 머릿속에는 은혜, 감사, 행복, 만족, 충만, 천국, 하나님, 예수님, 성령님, 용서, 고마움, 찬양, 찬송 같은 것들로 가득 차 있습니다. 제가 교회를 다니고 예수님을 믿고 있어서 그래요. 형님, 정말 제 말 믿으시고 한 달만 주일에 교회 나가서 예배드려 보세요. 그러면 신경 쇠약도 없어지고 정신과 약 안 드셔도 될 거예요. 제가 그렇게 되시도록 기도하면서 최선을 다해 도와드리겠습니다."

형님은 몇 번이나 고맙다고 말하며 흔쾌히 제 제안에 응해 주었습니다. 저는 형님이 사는 곳 주변 괜찮은 교회를 소개해 주었습니다. 그렇게 대화를 마치며 형님을 위해 진심으로 기도해 드렸습니다.

그 뒤로 저는 형님이 불안하고 힘드실 때 언제든지 전화 통화를 하며 이야기를 들어 주고 위로와 응원을 하고 용기를 드렸습니다. 그리고 형님이 마음에 새기면 좋을 것 같은 말씀들(이사야 41장 10절, 빌립보서 4장 6-7절, 여호수아 1장 9절, 신명기 28장 1-14절, 신명기 6장 1-13절 말씀 등)을 계속 문자메시지로 보내 드렸습니다. 말씀이 어떤 뜻인지 설명하고 암송하고 묵상하도록 도와드렸습니다. 그리고 항상 마무리는 기도로 성령님에게 도움을 간구하고 통화를 끝냈습니다.

약속한 한 달이 지났습니다. 형님은 걱정과 두려움, 아픔 등이 많이 사라졌다고 했습니다. 나아가 형님뿐 아니라 형수님과 아이들까지, 온가족이 교회에 나가 예배를 드리게 되었습니다.

성령의 아홉 가지 열매는 사랑, 희락, 화평, 오래 참음, 자비, 양선, 충성, 온유, 절제입니다. 사랑 바로 다음이 희락입니다. 기쁨인 것이죠! 믿음이 좋다는 것 안에는 주님을 기뻐하는 것이 포함

된다고 믿습니다. 주님 때문에 기뻐하고 즐거워하는 것이 바로 내 능력입니다. 바로 우리의 힘은 주를 기뻐하는 것입니다. 내 마음의 기쁨이 곧 나의 행복입니다.

다섯 가지 전도의 언어

누군가 "전도란 뭘까요?"라고 묻는다면 자신있게 답할 수 있습니다.
"전도는 상대방의 필요를 채워 주는 것입니다."
그럼 이 필요란 뭘까요?

그러므로 무엇이든지 남에게 대접을 받고자 하는 대로 너희도 남을 대접하라 이것이 율법이요 선지자니라 마 7:12

대접받고 싶은 것, 그것이 상대방의 필요입니다. 저는 그에 대한 답을 게리 채프먼의《5가지 사랑의 언어》에서 찾았습니다. 저는 이 책을 참고하여 상대방의 필요를 다섯 가지 언어로 만들어 보았습니다.

첫째, 칭찬과 존경과 인정입니다.

전도하고 싶은가요? 웃으면서 칭찬부터 하세요. 칭찬은 고래도 춤추게 한다잖아요. 마음을 다해 진심으로 칭찬하고 인정해 주세요. 그러면 상대방은 마음을 활짝 열고 늘 여러분이 자기 옆에 있길 원할 것입니다.

저는 누구를 만나건 그 사람의 좋은 점부터 보려고 합니다. 모든 사람에게는 장점과 단점, 강점과 약점이 있습니다. 상대방의 장점과 강점을 파악하는 것이 중요합니다. 단점과 약점 없는 사람은 없다는 사실도 반드시 기억하세요.

저는 장점과 강점을 먼저 보고 이것으로 상대방의 허물을 덮어주는 것이 사랑이라고 배웠습니다. 어떤 색안경을 끼고 보느냐에 따라 사람이 180도 달라 보입니다. 장점과 강점의 색안경을 끼고 보면 상대방의 단점과 약점이 다르게 보입니다. 안타깝기도 하고 '그럴 수도 있지'라고 생각하게 되고, 도리어 상대방이 인간적으로 보여서 더 정이 갈 때도 있습니다. 상대의 단점과 약점 중에 내가 조금이나마 도와줄 수 있는 부분이 없는지 찾아보게 됩니다. 상대방이 잘되는 것이 곧 나의 기쁨이 됩니다.

반면에 단점과 약점의 색안경을 끼고 보면 상대방의 장점과 강점이 제대로 보이지 않습니다. '그까짓 거 뭐가 대단하다고'라며 상대를 깎아내리게 됩니다. 운이 좋아서 잘된 것뿐이라고 평가합니다. 상대가 잘되는 모습을 보면 시기 질투하여 뼈가 썩고 배가 아픕니다.

평온한 마음은 육신의 생명이나 시기는 뼈를 썩게 하느니라

잠 14:30

그래서 사람을 알게 되면 무조건 사랑의 눈으로 장점과 강점부터 봐야 합니다. 그래야 그 사람을 진심으로 칭찬하고 인정하고 존경할 수 있습니다. 누군가로부터 마음에서 나오는 칭찬을 들어본 적 있나요? 아마 마음이 녹아내리는 경험을 했을 것입니다. 사람은 영적인 존재여서 마음에서부터 나오는 칭찬인지 아니면 형식적으로 하는 말인지 대부분 느낍니다. 특히 전도할 때는 마음에서 나오는 칭찬을 해야 합니다. 괜히 어설프게 립스비스를 하다가는 역효과가 나고 맙니다. 내가 사랑의 눈으로 상대방의 장점과 강점을 먼저 보려고 노력하면 상대방도 마음 문을 활짝 열고 반겨 줄 것입니다. 내 호의에 상대방이 마음의 문도 열고 복음의 문도 활짝 열어 준다면 얼마나 감사한 일입니까?

이렇게 전도를 잘하려면 상대의 허물을 덮을 줄 알아야 합니다. 그리고 마음으로부터 우러나오는 칭찬과 인정과 존경을 해주십시오. 이것이 상대방을 천국으로 인도하는 첫걸음이 될 것이라 확신합니다.

저는 수학 교사로서 학생들이 수학 문제를 풀면 그 풀이 과정을 보면서 틀린 부분을 찾아 감점시키는 일을 합니다. 그래서 매의 눈으로 풀이를 봅니다. 이런 일을 20년 가까이 하다 보니 잘못되고 틀린 부분이 콕콕 하고 바로 눈에 띕니다. 일종의 직업병입니다. 신임 교사 때에는 저도 시간을 절약해야 하니 학생들에게 틀린 부분만 쏙쏙 뽑아서 귀에 딱지가 앉도록 열심히 설명해 주었습니다. 이 방법이 통하는 아이들도 있었지만, 오히려 수학을 더 어려워하고 힘들어 포기하려는 학생들도 나왔습니다. 수학이 자신과 맞지 않는다며 낙담하는 걸 지켜봐야만 했습니다. 그때 뭔가 중요한 것을 빠트렸다는 생각이 들었습니다. 물론 풀이에 틀린 부분이 있지만, 그래도 이 학생이 그전까지는 참 잘 풀어냈다는 걸 기억했습니다. 그래서 제가 그때부터 아이들에게 틀린 부분을 설명할 때는 먼저 "여기까지는 아주 잘 풀었어"라고 칭찬해 주었습니다. 그리고 틀린 부분은 부드럽게 가르쳐 주면서 "거의 다 왔어. 사실 알고 보면 진짜 별게 아니야" 하고 접근했습니다. 그러면 아이들이 지레 겁먹지 않고 나머지 틀린 부분을 자신 있게 적극적으로 고치려고 했습니다.

이처럼 사람은 칭찬과 인정과 존경이 꼭 필요합니다. 사랑의 마음과 눈으로 자신이 받고 싶은 칭찬을 상대에게 해주십시오. 내가 받고 싶은 만큼 진정으로 인정해 주십시오. 그리고 정말 대단하다고 느끼고 닮고 싶은 마음까지 생기면 존경하는 마음을 표하십시오. 사람의 마음을 얻고, 믿음과 신뢰를 얻게 될 것입니다. 그리고 그때 가장 중요한 예수님을 마음껏 전하는 복된 여러분이 되기를 바랍니다.

둘째, 함께하는 시간입니다.

VIP를 전도하려면 먼저 그를 만나 시간을 보내야 합니다. 함께할 수 있는 일은 무궁무진하게 많습니다. 무엇보다 경조사를 챙겨야 합니다. 만약 그의 가정에 초상이 나면 만사 제쳐 놓고 조문을 가십시오. 하루만 가지 말고 장례가 끝나는 날까지 함께해 주는 것이 좋습니다. 보통 3일장이니 첫날이나 둘째 날 꼭 조문을 가십시오. 그리고 셋째 날 새벽 발인 때 가서 마지막으로 고인을 보내며 힘들어하는 가족들 옆에 서서 함께해 주십시오. 누구든 갑자기 힘든 일을 겪으면 함께해 준 사람을 결코 잊지 못합니다. 내가 상대방을 위해 시간을 내어 만나 주지 않는다면 상대방도 여러분을 위해 시간을 내주지 않습니다.

누구나 외로울 때 누군가 함께해 주기를 바라는 순간이 있습니다. 내가 그 사람이 되어 주기 위해 노력해야 합니다. 그것이 주님의 향기요 성품입니다. 주님은 언제나 우리와 함께하고자 하십니다. 우리를 죄 가운데 홀로 둘 수 없어 십자가에 달려 돌아가신 분이 주님입니다.

힘든 일을 겪은 이웃을 먼저 찾아가 위로하고 손잡아 주고 함께하는 것이야말로 주님이 우리에게 간절히 기대하는 일일 것입니다. 그렇게 우리가 시간을 쪼개 이웃을 만나고 함께하면 역사는 성령님이 일으키십니다.

셋째, 봉사입니다.

과제를 도와준다든지, 어려운 일을 함께한다든지 그에게 필요한 도움을 줘 보세요. 세상에 말뿐인 사람이 천지인데 진짜 도움을 주는 고마운 친구를 보고 가슴이 찡하게 될 것입니다. 어려울 때 도움을 주는 친구가 진짜 친구라고 인정하게 됩니다.

저는 대학 때 친구가 용돈이 부족하여 점심을 건너뛰는 것을 우연히 보았습니다. 전공 책이 생각보다 비싸다 보니 용돈이 부족해졌던 것입니다. 어떻게든 그 친구를 도와주고 싶은데 또 자칫 자존심을 건드릴 수 있을 것 같아서 성령님께 기도하면서 지혜를 구했습니다. 당시 저도 과외를 하면서 번 돈으로 학비와 용돈을 충당할 때였습니다. 그때 성령님이 지혜를 주셨습니다.

"이번에 가르치는 학생 성적이 많이 올라서 보너스를 받았어. 생각지도 못한 보너스라 너무 기뻤는데, 하나님께 기도하다 보니 이 보너스를 제일 좋아하는 친구랑 나누면서 기쁨을 함께하라고 하셨어. 그 제일 좋아하는 친구가 바로 너야."

이렇게 말하면서 10만 원이 든 봉투를 친구에게 주었던 기억이 납니다. 제일 좋아하는 친구란 말에 놀라며 활짝 웃는 친구의 얼굴이 아직도 기억납니다. 감사하게도 하나님은 나중에 그 친구를 교회로 이끌어 주셨습니다. 지금은 신앙생활도 잘하고 있고, 진심을 다해 예수님을 만나고 있습니다.

한번은 어느 교회에 두 번째 강의를 하러 갔는데, 한 권사님이 제게 감사 인사를 했습니다. 전도는 상대방의 필요를 채워 주는 것이라는 제 말에 감동을 받아 주위를 살펴보았다고 했습니다. 처음에 들을 때는 '나는 은퇴권사인데, 내가 무슨 도움을 줄 수 있을까?' 하고 포기하려고 했었는데, 제 말이 자꾸 반복해서 메아리쳤다고 합니다. 그래서 기도하며 봉사할 곳이 없는지 찾아보았답니다. 그랬더니 마침 권사님 댁 근처에 사는 새댁이 보였습니다. 얼마 전에 아기를 낳았는데, 손주를 돌보던 경험을 바탕으로 그 집에 가서 도움을 줘야겠다는 생각이 들었다고 합니다.

권사님은 가서 설거지도 해주고, 청소도 해주고, 아기가 새벽에 계속 깨서 잠을 잘 못 잤을 테니 자신이 아기를 보는 동안 푹 자라고 해주었다고 합니다. 새댁은 두세 시간 동안 편안하게 잠을 자고 일어나서 권사님에게 너무나 고마워했습니다. 권사님은 마치 친정엄마가 된 심정으로 새댁을 도왔습니다. 나중에 안 사실인데, 새댁은 친정엄마가 일찍 돌아가셔서 도와줄 사람이 없었습니다. 그런 상황에 권사님이 이런 도움을 주니 친정엄마 생각이 나서 눈물까지 흘렸다고 합니다. 그 새댁은 산후조리를 끝내자마자 갓난아기를 데리고 남편과 함께 교회에 출석하게 되었습니다.

권사님의 이야기를 듣는데, 제 마음이 뛸 듯이 기뻤습니다. 권사님께 너무 잘하셨다고, 대단하다고 엄지를 치켜세우고 진심으로 칭찬해 드렸습니다. 누구든 감동을 받아 예수 그리스도의 사랑을 전할 수 있을 때가 반드시 옵니다.

넷째, 선물입니다.

··· 선물 주기를 좋아하는 자에게는 사람마다 친구가 되느니라

잠언 19:6b

교회 한번 가 보자는 말이나 복음을 구두로 잘 전할 자신이 없는 분은 작은 선물과 함께 손편지를 이용해도 좋습니다. 선물은 비싸지 않아도 되고, 사랑과 정성만 들어가면 됩니다. 여기에 짧은 손편지가 더해지면 감동은 배가 됩니다. 손편지에 구구절절 길게 적지 말고, 상대방이 보기 편하게 큰 글씨로 쓰십시오. 간단하게 핵심만 대여섯 줄로 적어도 됩니다.

"길동이 엄마, 남편 승진한 거 정말 축하해. 아들이 이번에 좋은 성적 받은 것도 진짜 축하하구. 항상 길동이 엄마 아픈 어깨 빨리 회복되고 건강해지길 기도하고 있어. 앞으로도 길동이 엄마 집에 하나님의 사랑과 은혜와 축복과 평강이 흘러넘치게 해달라고 매일 기도할게. 길동이 엄마 GOD BLESS YOU~! 사랑하고 축

복해!"

평소에는 이만큼만 해도 됩니다. 그러다가 교회에 행사가 있거나 하면 몇 줄 더 추가해 주세요.

"이번 ○월 ○일에 교회에서 초청 잔치를 하는데 시간 내서 꼭 한 번 와줘. 그날 무슨 일 있으면 다음번에 또 초대할 테니까 너무 부담 안 가져도 되구."

다섯째, 마음의 스킨십, 즉 상대방의 이야기를 잘 들어 주는 것입니다.
입은 둔해도 됩니다. 귀만 빌려주세요. 그러면 상대방은 당신에게 마음을 열어 줄 것입니다.

내 사랑하는 형제들아 너희가 알지니 사람마다 듣기는 속히 하고 말하기는 더디 하며 성내기도 더디 하라 약 1:19

만약 상대방에게 필요한 다섯 가지 중 한 가지만 실천할 수 있다면 저는 마음의 스킨십을 추천합니다.
이금희 아나운서가 강단에서 학생들을 가르치면서 '우리 후배들이 가장 원하는 게 뭘까?' 고민했다고 합니다. 그러다가 '나는 후배들이 꿈꾸는 일을 먼저 하게 된 선배다. 꿈과 관련해서는 선배랑 이야기하는 게 제일 낫지'라는 생각이 들었답니다. 그래서 '강의는 선배 교수님들이 잘해 주고 있으니 나는 후배들과 1대1로 대화를 하자'라고 마음을 정하고 시간을 만들었답니다. 학생과 마주할 때는 '내가 살면서 언제 이 학생과 30분 동안 이야기를 나누겠어?'라는 마음으로 임했답니다. 그렇게 코로나 이전까지 한 학기에 50명씩, 15년 동안 1,500명과 티타임을 가졌다고 합니다.

초반에는 의욕이 넘쳐서 학생들에게 "이렇게 해 봐" "저렇게 해 봐"라고 훈수를 많이 뒀는데, 어느 순간 그게 아니라 이야기를 들어 줘야 하겠다는 생각이 들었답니다. 학생들이 이야기를 하면 이금희 아나운서는 '그랬구나' '오, 잘했네' '힘들었지?' '장하다' 추임새만 했습니다. 그런데 그러는 동안 학생 스스로 혼란스런 마음을 정리했다고 합니다.

이금희 아나운서는 이렇게 말했습니다.

"저는 후배들 이야기를 듣기만 했는데, 이 친구가 울어요. 너무너무 자기의 이야기를 하고 싶었던 거예요. 그런데 아무도, 단 30분도 자기 이야기를 몰입해서 들어주는 사람이 없었다는 거예요. 그런데 그것만 들어 줘도 그 사람에게는 정말 엄청난 일이 일어납니다. 대화를 마치고 다음 시간에 강의실에 들어가 보면 그 친구들 눈에서 하트가 나와요. 신뢰관계가 형성된 거예요."

직업이 아나운서인데 말을 얼마나 잘하겠습니까? 그런데 누군가에게 감동을 주는 일은 화려한 언변이 아니라 전심을 다해 들어 줄 때 일어납니다. 전도를 하기에 앞서 우리가 이 부분을 마음에 새기면 좋겠습니다.

나는 **복음**을 **전하는** 교사

의리가 있지, 우리만 천국 갈 순 없죠

학교에서 교사로 지내다 보면 정말 아이들이 하지 말았으면 하는 것이 몇 가지가 있습니다. 예를 들어 폭력, 따돌림, 도박, 커닝, 거짓말, 예의 없는 행동 같은 것인데요, 그중 한 가지가 흡연입니다.

아이들에게 담배를 절대 피지 말라고 하는데 몰래 화장실에서 피는 아이들이 있습니다. 중학교 혹은 초등학교 때부터 피워서 이제 절대 끊지 못한다고 말하는 아이들도 많습니다. 하지만 담배를 피다가 걸리면 모든 아이가 입을 모아 부모님께만은 말하지 말아 달라며 웁니다. 어떤 아이들은 연기를 하기도 합니다. 어찌 됐든지 담배를 피우다 걸리면 대부분의 학교에서는 교칙에 따라 벌을 내립니다.

사실 징계는 벌을 주기 위함보다는 애초에 하지 말라는 예방 목적이 큽니다. 그리고 징계를 받으면 무엇보다 생활기록부에 기록이 남습니다. 수업도 못 듣고, 결석 처리가 되기 때문에 대학 진학에 지장을 주어서 학교도 웬만하면 징계를 주지 않으려고 합니다. 그래서 처음 한 번 정도는 마음을 다잡고 뉘우칠 기회를 주는 차원에서 선생님들의 지도가 이루어질 때도 있습니다.

이럴 때 아이들이 가장 많이 찾는 교사가 저였습니다. 아이들이 불쌍한 표정을 지으며 저에게 몰려와서 진짜 안 피우려고 했는데 유혹을 이기지 못해 피다가 걸렸다고, 지금 징계받기 직전인데 한 번만 도와달라고 했습니다. 그럼 저는 이번에 흡연 적발된 것이 몇 번째인지 확인하고 담임교사와 학생부 선생님과 이야기를 나눕니다. 만약 이번이 처음이면 가급적 징계를 받지 않고 담배를 끊을 수 있도록 도와주었습니다. 대신 두 번째 적발된 아이들은 절대 봐 주지 않았습니다. 담배를 피우기 위해 동정심을 이용할 수 있기 때문입니다.

사실 흡연하다가 걸린 아이들을 지도할 때 시간과 에너지가 많이 필요합니다. 교사들마다 주어진 업무가 많은데, 이런 일은 괜히 나서서 일을 만드는 것입니다. 저는 아무리 바빠도 아이들에게 기회를 주는 쪽을 선택하곤 했습니다. 보건소에서 운영하는 금연 프로그램에 참여하게끔 직접 데리고 다니기도 했습니다. 그러면서 혹시라도 담배 생각이 나면 언제든 선생님에게 오라고 했습니다. 서랍에는 사탕이나 초콜릿, 껌 같은 간식을 잔뜩 사 놓았습니다. 그러다가 "선생님, 저 지금 담배를 너무 피우고 싶은데 선생님이랑 한 약속 지키려고 참고 이렇게 왔어요" 하는 아이들이 있으면 칭찬과 함께 간식을 나누어 주었습니다.

그렇게 했더니 아이들 한두 명이 찾아와 묻기 시작했습니다.

"선생님, 저희를 살려 주셔서 감사드려요. 솔직히 학교 일도 많으실 텐데 우리까지 맡아 주셔서 감사해요. 지금 우리 엄마가 아파요. 항암치료 중이신데, 만약 제가 담배 피웠다고 학교 오시라는 연락 받았으면 더 아프셨을 거예요. 그런데 선생님이 우리 받아 주셔서 엄마한테도 말씀 안해 주시고 얼마나 감사한지 몰라요. 선생님, 그래서 말씀인데, 저 선생님 따라서 교회 한번 가 보면 안 돼요?"

그 주 주일에 그 친구와 함께 교회에 가서 같이 예배를 드리고 점심도 함께 먹으며 즐거운 시간을 보냈습니다. 그러다가 이 친구가 소문을 내서 다음 주에는 더 많은 친구를 데리고 교회에 왔습니다. 그 친구가 그러더군요.

"선생님, 사실 우리가 담배를 열 명이서 몰래 피우다가 걸렸거든요. 그중에서 다섯 명이 걸리고 다섯 명은 도망갔어요. 학생부 쌤들이 같이 담배 피운 친구들 얘기하라고 했는데 우리가 의리가 억수로 있는 놈들이라 누군지 모르겠다고 끝까지 잡아뗐거든요. 그래서 걔들 안 잡히고 다 살았어요. 그런데 교회는 다르죠! 우리만 예수님 믿고 천국 갈 수 없으니 그 친구들 다 데리고 교회 올게요. 의리로 학생부에는 안 넘겼지만, 의리로 이 좋은 교회는 다 데리고 와야겠어요."

이 말을 듣고 얼마나 기뻤나 모릅니다. 그 순수함에 소리 내 한참을 웃었습니다. 이런 순수하고 천사 같은 아이들과 함께 생활한다는 건 교사만이 누리는 특권이라는 생각이 들었습니다. 그 친구들의 '같이 천국 가야 한다'는 멋진 의리 덕분에 열 명의 친구가 다 같이 교회에 예배드리러 왔습니다. 의리가 있으니 세례도 한 명도 빠짐없이 다 같이 받자고 말하는 아이들이 너무나 사랑스럽고 예뻐 보였습니다.

전도는 관심입니다. 전도는 부지런해야 합니다. 전도는 따뜻함입니다. 전도는 감동입니다. 상대가 모르는 것 같지만, 사실 다 느끼고 언젠가는 알게 됩니다. 마음에 감동을 가득 머금은 채로 찾아와서 같이 교회 가고 싶다고 할 때가 옵니다. 그때 그 벅찬 감격과 환희, 감사와 기쁨, 천국의 행복을 누리게 되기를 바랍니다.

오예수님 먹고 예수님 믿을게요

저를 예수님 품으로 오게 한 것은 '초코파이'였다 해도 과언이 아닙니다. 제게 복음을 전해 준 이정화 목사님은 제가 무례하게 질문하고 쏘아붙여도 그때마다 초코파이를 쥐여 주곤 했습니다. 저도 배운 대로 실천합니다. 초코파이 대신 '오예스'에 사랑을 듬뿍 담아서 아이들에게 예수님의 사랑을 나누어 주고 있습니다.

저는 아이들과 상담을 정말 많이 합니다. 교장선생님이 아이들이 병호 선생님을 좋아하니 상담을 맡아 주면 좋겠다고 말씀하셔서 오랫동안 상담을 담당한 적이 있습니다. 덕분에 상담을 전문적으로 배우지는 않았지만, 열심히 공부하고 기도로 준비해서 아이들을 상담했습니다. 상담할 때는 약간의 간식을 먹으며 해도 좋을 것 같아서 이런저런 간식을 사 놓기 시작했는데, 최애 간식 1위가 오예스였습니다.

아이들이 잠시 와서 짧게는 몇십 초, 길게는 몇십 분도 앉아 있다가 가는 곳이 상담실입니다. 아이들이 이야기하면 저는 듣고, 칭찬과 격려와 위로를 해줍니다. 주로 아이들 이야기를 잘 들어 주려고 최선을 다해 집중했습니다. 아이들은 주로 오예스를 간식으로 먹었습니다. 사실 상담보다는 오예스가 목적인 친구들도 많았습니다. 특히 냉동실에 들어 있는 오예스의 인기는 대단했습니다. '오예스는 하루에 한 개씩만'이라는 아이들 스스로 만든 규칙이 생겨났습니다.

아이들과 상담하는 시간은 늘 저를 행복하게 했습니다. 그러다가 한 아이가 "지금 너무 배고파서 오예스가 '오예수'로 보여요"라고 했습니다. 그 재치에 저도 한참 웃었습니다.

열혈 연합 전도왕

"선생님도 보지 못한 걸 발견하다니, 정말 대단하구나! 노벨상감이다. 너는 특별히 오예수님을 두 개 줄게!"

나는 하늘에서 내려온 살아 있는 떡이니 사람이 이 떡을 먹으면 영생하리라 내가 줄 떡은 곧 세상의 생명을 위한 내 살이니라 하시니라 요 6:51

한 학생의 센스 덕분에 '오예수님'이 탄생했습니다. 반응이 정말 뜨거웠습니다. 아이들이 지나가면서 "선생님! 오예수님 하나만 주세요! 하나만 더 주시면 예수님도 잘 믿고 교회도 잘 나가겠습니다" 하기 시작했습니다. 그 말을 듣고 얼마나 웃고 행복했는지 모릅니다. 어떤 아이들은 오예수님 먹고 예수님을 믿겠다면서 달려왔습니다. 그렇게 교회에 나가게 된 아이들이 참 많습니다.

저는 감사하게도 1년에 100회 이상의 전도간증집회, 전도세미나, 전도특강을 나갑니다. 그때 '오예수님' 이야기를 했더니 아예 '오예수님'이라고 디자인해서 전도하는 교회도 생겼습니다.

한 교회는 50년 역사와 전통이 있는 곳인데, 친구초청잔치에 70명이 온 것이 가장 많은 기록이었다고 합니다. 그 교회에서 제말을 듣고 오예스에 '오예수'라고 쓴 스티커를 제작해 붙여서 전도했다고 합니다. 놀랍게도 축제날 300명이 넘게 왔다며 담임목사님으로부터 감사 연락이 왔습니다.

어떤 분들은 제 간증을 듣고 저희 학교에 오예스 과자를 몇 박스씩 보내 주시기도 합니다. 이 자리를 빌어 복음 전하는 데 동역해 주셔서 진심으로 감사드린다는 말씀을 전해 드립니다.

저는 오늘도 결심합니다.

"오 예수님! 평생 주님과 함께 소중하고 귀한 생명을 옳은 길로, 영생의 길로, 천국으로 인도하는 참 좋은 교사, 진정한 스승이 되겠습니다!"

진심을 다해 친구가 되어 주세요

학교에 적응 못하는 친구들이 의외로 많습니다. 학업 문제부터 진로, 적성, 집안 문제도 있지만 상당수는 교우관계 문제일 때가 많습니다.

교우관계가 생각대로 안 되거나 특히 친한 친구 무리와 다투어서 떨어져 나오게 되면 너무너무 힘들어합니다. 그래도 남학생들은 서로 다투었을 때 운동이나 협력하는 심부름을 통해 화해할 장을 마련해서 도와준 적이 여러 번 있습니다. 하지만 여학생은 이런 노력이 안 통합니다. 약간만이라도 '억지로 화해를 위해 이런 자리를 만들었구나' 하는 기미가 보이면 아예 자리를 피해 버립니다. 이런 상황들을 너무나 잘 알기에 자퇴하려는 아이들과의 상담은 언제나 쉽지 않습니다.

한번은 자퇴 예방을 위한 방안을 마련하는 기회가 온 적이 있습니다. 교육청에서 내려온 예산을 1원도 헛되게 쓰지 않겠다고 마음먹고 꼼꼼하게 계획했습니다. 계획을 세울 때 가장 심혈을 기울인 부분은 어떤 행사에 얼마를 쓸지, 어디로 갈지가 아니었습니다. 학교에 오는 것이 재미없고 힘든 아이들이 학교에 재미를 붙일 수 있도록 만들어 주고 싶었습니다. 자퇴를 마음먹은 아이들의 상처받은 마음을 최선을 다해 위로해 주고 싶었습니다. 성령님께 기도하며 간절히 지혜를 구했습니다.

큰 틀은 알게 되었으니 이제 '어떤 방법으로, 어떻게 그 아이들이 학교에 즐거운 마음으로 오도록 도울 수 있을까?' 하고 고민하기 시작했습니다. 그러다가 문득 복도를 지나가는 한 무리의 아이들을 보았습니다. 큰 소리로 깔깔거리며 이야기하기에 자연스럽게 그 내용을 다 듣게 됐습니다. 사실 제가 듣기엔 그리 재밌는 내용이 아니었습니다. 그런데 아이들은 웃다가 쓰러질 정도로 즐거워했습니다. 그때 한 가지 확신이 들었습니다.

'신나는 학교, 즐거운 학교를 만들려면 친구밖에 없구나. 어떤 행사를 하든지 진짜 좋은 친구들을 소개시켜 주어야겠다.'

그래서 기도하면서 평소에 늘 밝고, 마음씨 따뜻하고, 배려심 많고, 친구들 사이에 인기가 많은 아이들을 불러 모았습니다. 그리고 그 아이들에게 이렇게 설명해 주었습니다.

"애들아, 솔직하게 이야기할게. 자퇴 예방을 위해 학교에서 어떤 행사를 하려고 하는데 중요한 건 어떤 행사를 열 것인가가 아닌 것 같아. 사람이 중요하지. 자퇴하려는 아이들에게 너희 같은 좋은 친구가 꼭 필요해. 너희는 학교생활이 즐겁지?"

"당연하죠! 졸업하기 싫을 정도로 학교 다니는 것이 좋아요."

"맞아. 그래 보여서 너희를 이렇게 부른 거야. 안타깝게도 너희랑 반대인 친구들이 있어. 그 아이들에게 선생님이 해줄 수 있는 것은 한계가 있어. 또래 친구는 절대 못 되어 주잖니. 그건 지금 이 자리에 있는 너희만이 해줄 수 있어. 이건 진짜 한 친구의 인생을 살리는 일이야. 너희의 진심 어린 마음과 함께하는 시간이 꼭 필요해. 선생님과 함께해 줄 수 있겠니?"

우려와 달리 아이들은 오히려 선생님이 자기들을 평소에 그렇게 좋게 봐 주신 것이 너무 기쁘고, 또 이런 기회를 주신 것에 감사하다고 했습니다.

저는 이렇게 자퇴하려는 학생에게 적어도 두 명의 친구를 붙여 주었습니다. 자퇴할 땐 하더라도 '내가 이 학교에서 정말 좋은 친구 두 명은 있었다'고 말할 수 있도록 해주고 싶었습니다.

철이 철을 날카롭게 하는 것 같이 사람이 그의 친구의 얼굴을 빛나게 하느니라 잠 27:17

한 사람이면 패하겠거니와 두 사람이면 맞설 수 있나니 세 겹 줄은 쉽게 끊어지지 아니하느니라 전 4:12

아이들에게 무엇을 함께하길 원하는지 물어보았습니다. 남학생들은 운동, 놀이동산 가기, 맛있는 거 먹기, 영화 관람 등이라고 했습니다. 여학생들은 놀이동산 가기, 맛있는 거 먹기, 파자마 파티, 영화 관람 등이었습니다. 저는 이런 것들을 잘 실현할 수 있도록 45인승 큰 버스를 빌렸습니다. 놀이동산 갈 계획을 세우고 멋진 펜션도 예약했습니다. 펜션 앞마당에서 남학생들은 마음껏 운동할 수 있었습니다. 맛있는 고기를 구워서 아이들이 실컷 먹게 하고, 1박 2일을 계획해서 밤에 파자마 파티도 했습니다. 그리고 맛있는 팝콘을 먹으며 영화도 함께 보았습니다. 아이들이 원하는 것들을 1박 2일간 마음껏 즐기며 기쁨으로 함께하는 시간을 누렸습니다.

결과는 대성공이었습니다. 환하게 웃는 밝은 모습의 아이들을 보았습니다. 자퇴하려던 열다섯 명의 아이들을 위해 기꺼이 시간을 내준 서른 명의 친구들에게 너무너무 고마웠습니다. 이들 중 상당수가 크리스천이었습니다.

친한 친구가 생기고 보니 자퇴하려던 아이들이 그 마음을 접고 즐겁게 학교에 다니게 되었습니다. 마음을 나누고 친해진 친구들을 따라 기쁘게 교회를 나가게 된 아이들도 많이 생겼습니다. 하나님께 얼마나 감사드렸는지 모릅니다.

전도하고 싶은 친구가 있습니까? 진심을 다해 친구가 되어 주십시오. 마음을 나누는 친구가 되어 주면 됩니다. 친구가 그 친구의 얼굴을 빛나게 해준다고 했듯이, 내가 그런 친구가 되어주는 것입니다. 그러면 성령님이 친히 우리 얼굴을 빛나게 해주실 것입니다. 우리의 가장 좋은 친구가 되어 주실 것입니다.

전도도 애프터 서비스가 중요하다

삼성생명에서 10년 연속으로 보험왕을 한 예영숙의 책《고객은 언제나 떠날 준비를 한다》에는 저자가 많은 사람에게 보험을 소개하고 계약하는 모습이 담겨 있습니다. 이 책을 보면서 저는 생각했습니다.

'나는 예수님을 소개하고 믿게 도와주는 사람이다. 사람이 만든 보험 상품도 저렇게 목숨 걸고 지혜롭게 소개하는데, 구원을 주시는 예수님은 더 잘 소개해야 하는 것 아닌가? 적어도 이 책의 저자가 보험을 계약하기 위해 한 노력만큼 해봐야 할 것 같다. 잘 배우고 적용해서 유일한 구원자, 참 사랑이신 예수님을 저자가 보험 계약하는 것 이상으로 전해야겠다.'

모든 것을 다 보장해 주는 완벽한 보험은 이 세상에 없습니다. 조건이 하나씩 늘 때마다 매달 내는 보험료는 오릅니다. 하지만 구원에 이르는 길을 제시한 예수님이라는 보험은 완벽합니다. 그리고 보험료도 없고 공짜입니다. 공기와 햇빛처럼 그 값어치를 돈으로 환산할 수 없기에 공짜일 수밖에 없습니다. 그 값을 치러야 한다면 이 세상에서 단 한 사람도 값을 주고 살 수 있는 사람이 없을 테니까요.

제가 이 책을 읽으면서 가장 놀랐던 것은 수천억 대의 보험 매출이 아니었습니다. 바로 '10년 평균 계약 유지율 99.4퍼센트'라는 숫자였습니다. 이는 10년 동안 보험 계약을 해지한 사람이 100명 중 한 명도 안 된다는 말입니다. 1,000명으로 확대했을 때 겨우 여섯 명만 보험을 해지했다는 뜻입니다.

손바닥보다 뒤집기 쉬운 것이 사람 마음이라고들 하는데, 이런 계약 유지율을 보인다는 것이 정말 놀랍지 않습니까? 그것은 계약한 고객들을 위해 얼마나 꾸준히 관리하고 도움을 주는가에 달려 있었습니다. 제가 교회 고등부 교사를 하면서 늘 맡은 일이 새가족 팀장입니다. 제가 전도한 사람을 정착시켜야 했기에 새가족부 일에 늘 기도하며 최선을 다했습니다.

항아리에 물을 채워 넣으라고 하면 대부분의 사람은 물부터 길으러 갑니다. 그러나 먼저 항아리 상태부터 살펴야 합니다. 깨진 곳 없이 튼튼한 항아리라면 물을 열심히 길어서 부으면 됩니다. 하지만 항아리에 금이 갔거나 깨졌다면 거기부터 고쳐야 합니다. 고쳐서 될 수 없다면 새것으로 바꿔야 합니다. 그래야 물 길으러 오는 수고가 헛되지 않게 됩니다.

제가 지난 20여 년 동안 우리나라 2,500여 교회를 돌며 전도간 증집회를 하면서 여러 모습의 교회를 보고 알게 되었습니다. 어느 교회에 전도와 정착에 관해 강의하려고 갔습니다. 목사님이 지난 해 교회에 1,000명의 새가족이 왔다며 기뻐하며 말씀했습니다. 제가 바로 "그럼 작년에 교회를 떠나신 분은 몇 명이나 되나요?" 하고 여쭈었습니다. 그랬더니 난처해하며 1,300명이 교회를 떠났다고 했습니다. 그러면 지난 한 해 동안 이 교회는 성장이 아니라 퇴보한 것입니다. 그에 반해 어떤 교회는 지난해 500명의 새가족이 왔고, 200명이 군대, 유학, 이사 등 여러 가지 이유로 교회를 떠났다고 했습니다. 이 교회는 작년 한해 300명이 더 성장한 것입니다. 모든 지표를 숫자로 다 설명할 수는 없겠지만, 현재 상황이 어느 정도인지 알려면 정확한 데이터 분석은 필수입니다.

저희 어머니가 어려서부터 늘 해주신 말씀이, "얼마를 버느냐도 중요하지만 얼마를 모았는지가 더 중요하다"입니다. 10억 버는 사람이 20억을 썼다면 10억이 마이너스인 것이고, 1억 버는 사람이 5천만원을 썼다면 5천만 원이나 저금한 것입니다.

저는 새가족 팀장을 하면서 정착률을 90퍼센트까지 높였습니다. 아무리 전도를 많이 해도 정착률을 높이지 않으면 더 이상의 성장과 부흥은 없습니다. 그리고 정착률은 성장과 부흥의 입장까지 가지 않아도 됩니다. 천하보다 귀한 영혼이 큰 마음을 먹고 왔는데 교회에 적응을 못해서 떠난다니, 얼마나 안타깝고 슬픈 일입니까?

그래서 저는 정착률 90퍼센트도 기쁘지 않았습니다. 10퍼센트나 되는 새가족을 놓쳤기 때문입니다. 그 사람들 때문에 마음이 아팠습니다. 주인이 100마리의 양을 내게 맡기고 떠났는데 50마리가 병에 걸려 죽거나, 늑대에게 잡아먹히거나 도망갔고, 50마리만 남았다고 말하면 주인이 뭐라고 할까요? 정말 한 마리 한 마리 자신의 목숨처럼 소중히 돌봐야 합니다.

너희 생각에는 어떠하냐 만일 어떤 사람이 양 백 마리가 있는데 그 중의 하나가 길을 잃었으면 그 아흔아홉 마리를 산에 두고 가서 길 잃은 양을 찾지 않겠느냐 마 18:12

저는 하나님이 제게 보내 주신 양 한 마리, 즉 한 사람도 너무나 소중하고 귀합니다. 교회에 정착하지 못한 분들에게 늘 미안하고 죄송합니다. 저와 우리 새가족 팀원들이 좀 더 기도하고 잘 섬겼다면 하는 아쉬움이 남아 있습니다. 한 영혼은 천하보다 귀합니다. 한 영혼을 향한 하나님 아버지의 마음이 우리 마음에 동일하게 느껴지게 되길 간절히 소망하고 기도합니다.

열혈 연합 전도왕

전도도 애프터 서비스를

감사하게도 저는 그동안 수많은 교회에서 강의할 수 있었습니다. 강의를 마치고 나면 꼭 하는 일이 있습니다. 그 지역과 교회 근처에 사는, 제가 전도했던 분들에게 연락하는 것입니다. 가급적 그들을 한자리에 모읍니다. 그리고 그들을 위한 정착, 즉 애프터 서비스를 시작합니다.

애프터 서비스가 좋아야 물건을 믿고 살 수 있습니다. 아무리 물건이 좋아도 얼마든지 고장이 납니다. 내가 쓰는 물건이 고장났을 때 어떻게 회사에서 처리해 주는가를 보면 일류기업인지 삼류기업인지 명확하게 판가름 납니다.

전도를 해서 교회로 이끌었다고 해도 그동안 변화가 생깁니다. 어떤 분들은 여전히 믿음 생활을 잘합니다. 그런 분들은 A그룹으로 묶습니다. 믿음 생활이 보통이고, 교회에도 한두 번 빠지는 분들은 B그룹, 믿음도 잃어버렸고, 교회도 자주 빠지거나 안 나오는 분들이 C그룹입니다.

A그룹 사람들에게는 칭찬을 아끼지 않습니다. 여기에 더 깊이 있는 신앙생활을 위해 해줄 건 없는지 찾아서 알려 줍니다.

B그룹 사람들에게는 칭찬과 격려도 하지만 다시금 예수님을 뜨겁게 만나도록 복음을 전합니다. 믿음 생활이 떨어지고 교회를 빠지게 되는 이유를 명확하게 들은 후에 다시는 그런 일이 없도록 조

언을 아끼지 않습니다. 막연하게 하지 않고 확실하게 알려 줍니다.

C그룹 사람들은 완전 초신자나 안 믿는 자와 같기 때문에 처음부터 다시 시작합니다. 복음도 전하고 왜 믿음을 잃어버리고 교회를 떠나게 됐는지 명확하게 듣습니다. 그리고 다시 복음을 진심을 다해 전하고 교회에 다시 나갈 것을 권면합니다.

이렇게 세 분류로 나누어서 정착을 다시금 돕습니다. 저는 이날 같이 모인 분들이 열심히 기도하며 서로를 위해 앞에서 끌고 뒤에서 밀어 줄 수 있도록 묶는 역할을 합니다. 이것은 정말 중요한 일입니다. 신앙생활은 혼자 하는 것이 아닙니다. 반드시 성도의 교제를 통해서 해야 하고, 영적 지도자의 지도를 받아야 합니다. 그래야 바른 길로 갈 수 있습니다.

새신자 교육 NO! 새가족 친목 모임 OK!

한번은 이런 일이 있었습니다. 새신자 교육을 하려고 준비하는데 한 분이 손을 번쩍 들고 "화장실 좀 다녀오겠습니다"라고 했습니다. 그분이 나가는데 느낌이 좋지 않아 제가 살짝 따라가 봤습니다. 그런데 그분이 화장실을 지나치더니 그냥 교회 밖으로 나가 버리는 것입니다. 놀란 저는 얼른 달려가서 새가족 분에게 조심스럽게 여쭈어 보았습니다.

"선생님, 저도 마침 화장실에 볼일 보러 왔다가 가시는 것을 봤습니다. 혹시 저희가 뭐 실수한 것이 있나요? 기분 나쁘신 것이 있어서 바로 가시는 건가요?"

"제가 학교 다닐 때도 공부를 싫어해서 잘 안 했습니다. 근데 교육이라니, 그 싫어하던 공부를 여기서 또 해야 하나 싶어서요. 그리고 그냥 교회 한번 와본 건데 제가 벌써 새신자가 되는 건가요?"

그 말을 들으면서 저는 환하게 웃으면서 이렇게 말씀드렸습니다.

"아이고, 오해하게 해드려서 정말 죄송합니다. 새신자 교육이 아니라 새가족 친목 시간입니다."

이 사건은 저에게 엄청난 충격을 주었습니다. '한 명의 영혼이라도 교회의 높은 문턱 때문에 돌아가는 일이 없게 하자!' '교회의 낯선 문화 때문에 돌아가는 일이 없도록 하자!' '자연스럽게 스며들어 익숙해지게 하자!' 하는 마음으로 새가족 교육을 한 저는 당황하지 않을 수 없었습니다.

저는 바로 다음 주부터 '새신자 교육'이라는 이름을 바꿨습니다. 그저 '새가족 모임'이라는 말을 썼습니다. 교회를 도망치듯 나가려고 한 그분은 잘 정착하고 예수님도 잘 믿으며 멋진 신앙인으로 성장해 가고 있습니다.

정착을 위해 정확한 진단과 처방이 필요

요즘 정서적인 어려움을 겪는 사람이 많습니다. 그러다 보니 심리 상담이나 정신과 치료를 받는 분이 많습니다. TV 프로그램 중에도 삶의 어려움을 겪는 사람들을 불러 심리치료해 주는 프로그램을 심심찮게 보는데요, 이런 프로그램의 핵심은 정확한 심리 진단 후 처방을 통해 삶의 변화를 일으켜 주는 것입니다.

이런 방송을 보면서 드는 생각이 있습니다. 교회에도 이런 문제 진단과 올바른 처방이 반드시 필요하다는 것입니다. 의외로 새가족들의 말을 조금만 귀담아들어 보면 무엇이 문제인지 바로 알 수 있습니다. 그렇지만 반대로 새가족의 말을 귀담아듣지 않아서 소중한 양들을 다 잃어버리는 안타까운 경우를 보곤 합니다. 그래서 새가족 담당자는 첫날 만나 이야기하며 그들의 말을 귀담아들을 줄 알아야 합니다. 그들이 교회에 와서 불편을 겪는 것은 없는지 정확하게 진단하고 처방해야 합니다. 이것은 새가족을 위해서도 필요하고 교회에도 꼭 필요한 일입니다.

요즘 MBTI가 인기입니다. 어떤 곳은 직장에서 입사 면접을 보면서 MBTI를 묻는다고 합니다. 그만큼 이 성격유형검사를 많은 사람이 신뢰한다는 뜻입니다. 지금이야 많이들 MBTI를 알고 관심도 많지만 2000년 초반에는 모르는 사람이 많았습니다.

저는 대학생이 되자마자 MBTI 검사를 했습니다. 검사 후 지도

하시는 선생님이 해당 유형에 대해 어떠한 특징, 성향, 장점, 단점, 어울리는 직업까지 말해 주는데, 정말 신기하고 놀라웠습니다. 나에 대해 더 잘 알게 되면서 스스로 해야 할 말과 행동, 피해야 할 말과 행동에 대해 생각하는 시간을 가졌습니다.

저는 MBTI를 새가족 첫 만남 때 적용해 보면 좋겠다고 확신했습니다. 예를 들어 저처럼 외향적인 사람은 교회 처음 와서 반갑다고 여러 명에게 한꺼번에 문자 폭탄이 오면 너무 좋고 감사합니다. 그런데 지극히 내향적인 사람에게 반갑다고 문자 폭탄을 보내면 기겁하고 도망갈 수 있습니다. 게다가 자신의 연락처를 다 공유했다며 싫어합니다. 그래서 항상 새가족이 오면 연락처를 모든 팀원과 공유해도 되는지, 아니면 나와 새가족 담당자만 알고 있는 게 좋은지를 꼭 물어봅니다. 새가족에 대해서는 다음의 항목들을 파악해 두면 좋습니다.

1. 교회 경험은? (처음이다 | 쉬다가 왔다 | 타교회에서 왔다)

2. 부모님의 종교는 무엇인가?

3. 교회에 대한 마음이 어떤가? (호감 | 보통 | 비호감)

4. 어떻게 교회에 오게 되었는가? (친구 따라 원해서 | 친구 따라 자연스럽게 | 친구 따라 한 번만 | 친구 따라 억지로 | 스스로 | 그냥 한번 들른 것)

5. 앞으로의 계획은? (계속 교회 온다 | 어쩌다 온다 | 안 나올 것이다)

6. 오늘 예배드리고 난 뒤 소감은? (은혜받았다 | 즐겁고 재밌었다 | 잘 모르겠다 | 지루했다 | 낯설고 어색했다 | 무서웠다)

물론 이것을 피의자 취조하듯이 하면 절대 안 됩니다. 메모장에 작성해 두고 본인에게 체크하게 해도 되고, 자연스럽게 대화하면서 파악해도 됩니다.

이렇게 저는 MBTI 성격 유형과 새가족에 대해 파악한 뒤 새가족 부서원과 전도한 분에게 알려 줍니다. 이러한 특징과 성향이 있으니 조심해야 할 사항들과 해야 할 행동들에 대해서 의견을 나눕니다.

새가족 부서를 어떻게 운영할 것인가

새가족 정착에 필요한 것은 다음 두 가지의 결합인 것 같습니다. 하나는 시스템이고, 다음은 바나바와 같은 일꾼입니다.

교회마다 새가족을 사랑으로 섬겨 줄 일꾼들을 많이 보내 주시길 하나님께 간구해야 합니다. 새가족 일꾼이야말로 교회의 얼굴입니다. 처음 오신 분들은 새가족 일꾼들을 보며 교회를 평가할 것이기 때문입니다.

제가 20년 넘게 새가족 담당 팀장을 하면서 느낀 점과 수많은 새가족들에게 피드백을 받은 결과 이것만은 지켜 주길 바라는 것들이 있습니다.

새가족 교육은 교회마다 다르지만 보통 3-6주로 구성되어 있습니다. 그런데 주차마다 배정된 분들이 있어서 매주 다른 담당자가 새가족을 맞이합니다. 그런데 이런 것은 지양해야 합니다. 새가족이 1주차 때 자신을 소개했는데 2주차 때도 또 자신을 소개하고, 3, 4주차 때도 처음 보는 새가족 담당자에게 자신을 소개하는 일은 없어야 한다는 것입니다. 의외로 이렇게 하고 있는 교회가 많다는 것을 알게 되었습니다.

새가족이 처음 왔을 때 배정받은 팀과 새가족 담당자가 이 새가족을 3~6주까지 끝까지 책임지고 같이 가게 하는 것이 훨씬 더 낫습니다. 새가족 담당자를 분리하다 보면 어디서 끊겼는지 누가 연락을 해야 하는지 책임 소재도 모호하고 힘듭니다. 한 팀, 한 담당자가 새가족이 잘 정착할 수 있도록 지속적으로 도움을 주어야 하고, 등반까지 책임져야 합니다. 그래야 새가족이 교회에 오며 편안함과 안정감을 느끼게 됩니다. 새가족 담당자 분들도 더욱 집중하여 새가족의 정착을 기도하며 도울 것입니다.

그렇다고 모든 새가족을 한 팀, 한 담당자가 책임지라는 말은 아닙니다. 첫 주에 온 새가족은 A팀이, 둘째 주는 B팀이, 셋째 주는 C팀이, 넷째 주는 D팀이 맡는 것입니다. 이 팀들과 팀원들이 한 명의 새가족이 등반할 때까지 지속적으로 맡아 섬기며 정착을 도우면 좋습니다.

저는 보통 새가족이 오면 한 명의 담당자와 다섯 명의 서브 담당자로 구성된 한 팀을 붙여 줍니다(이성은 친절로 섬기다 보면 한 번씩 꼭 오해를 불러일으키기 때문에 반드시 동성으로 정합니다). 이렇게 한 데에는 오겹살 영향이 컸습니다.

한 사람이면 패하겠거니와 두 사람이면 맞설 수 있나니 세 겹 줄은 쉽게 끊어지지 아니하느니라 전 4:12

제가 제주도에 가서 처음으로 오겹살을 먹어 보았는데 너무 맛있었습니다. 거기서 5일이니 세 겹 줄을 넘어 오 겹 줄이 생각났습니다. 주말을 제외하면 서브로 붙여 준 다섯 명의 담당자가 월요일부터 금요일까지 5일 동안 하루씩 맡아 지속적으로 새가족을 기도하며 챙겨 주는 것입니다.

새가족에게도 미리 물어 봅니다. "한 명의 담당자가 있고, 새가족을 위해서 다섯 분이 서브로 더 도와드릴 겁니다"라고 하면 보통 웃습니다. "나 하나가 뭐라고 이렇게 많은 분이 도와주시나요?" 하면서 고마워하는 분이 대부분입니다. 반면에 부담스럽고 부끄럽다며 담당자 한 명만 원하는 분들은 또 그렇게 해줍니다. 단순한 것 같지만 협력하고 연합해서 새가족 정착을 위해 함께 기도하고 힘쓰면 엄청난 능력을 발휘하게 됩니다.

여기에 한 가지를 더 하면 정말 좋은데요. 한 분기가 3개월이니 분기마다 등반한 새가족들을 모아서 축하하는 시간을 갖는 것입니다. 전도한 사람과 새가족 담당자와 팀원들, 소속된 마을이나 부서에서 다같이 나와서 축하해 줍니다. 이날은 그야말로 잔칫날이 되는 것입니다.

한 가지 더하면 이때 가장 정착률이 높은 팀에게 시상합니다. 예를 들어 A팀은 새가족 30명 중에 등반 24명 80퍼센트, B팀은 새가족 20명 중에 등반 15명 75퍼센트, C팀은 새가족 20명 중에 등반 18명 90퍼센트, D팀은 새가족 25명 중에 20명 80퍼센트라면, 정착률이 가장 높은 C팀에게 시상합니다. 그리고 한 분기가 끝나면 새가족 담당 주를 바꾸어 줍니다.

무한 경쟁 사회에서 안 그래도 피터지게 경쟁하며 싸우는데, 교회에서도 이렇게 굳이 경쟁해야 하느냐고 비난하시는 분들도 분명히 있습니다. 맞는 말입니다. 그래서 우리는 이때 정말로 경쟁이 되지 않도록 주의해야 합니다.

이처럼 시스템과 바나바와 같은 일꾼들이 잘 결합하여 모든 교회마다 새가족 정착률이 100퍼센트가 되길 간절히 소망하며 기도합니다.

모세에게 여호수아가 있었듯

제가 일곱 명이던 셀(소그룹 모임)을 4개월 만에 120명으로 부흥시킨 비결이 있습니다. 결론부터 말하자면 리더가 어떻게 하냐에 달려 있습니다. 목자가 없으면 양들이 뿔뿔이 흩어지듯이 참 목자, 즉 리더를 양성해야 합니다. 참 목자에게 양들이 모이고 따르듯이 참 리더에게 사람들이 붙게 되어 있습니다.

저는 모세의 리더십을 통해 리더 양육의 중요성을 알게 되었습니다. 모세는 여호수아와 갈렙이라는 리더 두 명을 남겼습니다. 보통 우리는 리더의 자리에 있을 때 '나의 필요성과 중요성'을 생각합니다. 그래서 '내가 휘청하면 안 된다'고 여기며 자리를 지키려고 애씁니다. 물론 그것도 중요합니다. 그러나 모세의 리더십을 통해 제가 배운 것은 '진정한 리더는 자기가 부재중일 때도 그 공동체가 아무 문제 없이 잘 돌아가게 하는 사람'입니다. 리더십에는 자신을 이을 다음 리더를 잘 양육하고 키워 내는 것도 포함되기 때문입니다.

내게서 리더십의 대가 끊어지면 안 됩니다. 자신이 리더인 동안 다음 세대를 이끌 차기 리더를 양성하지 못하는 것은 치명적인 단점이고 약점입니다. 멀리 내다보지 못한 근시안적 처사입니다. 더불어 차기 리더십을 세울 때도 시끌벅적해서는 안 됩니다. 물 흐르듯 자연스러워야 합니다.

제 생각에는 깊이 있는 교제를 하기에 적당한 숫자는 네 명에서 일곱 명 정도인 것 같습니다. 한 조에 여덟 명 정도가 모이면 슬슬 분가 준비를 해야 합니다. 아름다운 분가요 배가입니다. 그럴 때 필요한 것이 좋은 리더입니다. 리더가 없으면 분가도 배가도 할 수 없습니다.

모세는 어디를 가든지 여호수아를 데리고 다녔습니다. 자연스럽게 보고 느끼며 습득하기를 바랐던 것입니다. 스승과 함께 있으면서 직접 배우는 것을 도제식 교육이라고 합니다. 공자도 그랬고 소크라테스도 어디를 가든 제자들이 뒤따라가면서 말씀을 배우고 익혔습니다.

엘리사도 엘리야를 끝까지 따라가 함께 있은 덕분에 성령의 능력을 갑절로 받을 수 있었습니다. 예수님도 열두 제자와 늘 함께하시면서 본을 보이고 말씀으로 가르치셨습니다. 제자들은 훗날 위대한 사도로 쓰임받았습니다. 이처럼 함께하는 것이 능력입니다. 더 성장하고 부흥하기 원한다면 하루빨리 리더부터 양성하길 간절히 소망하고 기원합니다.

전도의 완성, 정착을 위한 섬김

전도의 시작이 기도 후 만나서 상대방의 필요를 채워 주는 것이라면, 전도의 완성은 정착입니다. 정착은 전도의 연장선상에 있는 아주 중요한 일입니다. 우리는 반드시 정착에도 집중하고 최선의 노력을 다해야 합니다.

새가족 정착을 위한 섬김은 크게 세 부분으로 나눌 수 있습니다.

월-금 | 일상생활에서의 섬김

토요일 | 주일을 잘 준비할 수 있도록 하는 섬김

주일 | 새가족이 영과 진리로 예배드릴 수 있도록 하는 섬김

먼저 새가족의 일상생활에서 섬겨야 합니다. 새가족들은 월요일부터 금요일까지 연락 없다가 토요일에 뜬금없이 "내일 교회 올 거죠?"라는 전화를 받는 것이 썩 기분 좋지 않다고 말합니다. 크로노스의 시간과 카이로스의 시간이 있습니다. 크리스천들은 하나님의 특별한 성령 임재의 시간, 역사의 시간, 내게 은혜를 부어주시는 카이로스의 시간을 굉장히 사모합니다. 이것이 정상입니다. 그러나 이 카이로스의 영광스러운 시간을 맞이하려면 평소 일상의 시간, 평범한 시간인 크로노스의 시간을 값지고 귀하게 잘 보내야 한다고 배웠습니다.

이렇듯 새가족을 위해 평일을 잘 섬겨야 토요일도 기분 좋게 통화할 수 있고 주일도 기쁘게 보고 맞이할 수 있습니다. 평일에 문자나 카톡을 하거나 통화로 안부를 물어도 좋습니다. 괜찮다면 새가족의 직장이나 집 근처에서 만나 식사를 하거나 가볍게 차 한잔 하며 이야기하는 것도 좋습니다. 가벼운 산책이나 같이 운동하는 것도 좋은 방법입니다. 새가족이 원하는 것을 잘 파악하여 연락을 적절하게 하면 됩니다. 새가족마다 원하는 연락의 정도와 빈도가 다르니 정말 이야기를 잘 나눠서 적절하게 하기를 바랍니다.

아울러 새가족의 기도제목을 미리 받아서 매일 기도하는 것도 좋습니다. 매일 새벽 혹은 밤마다 기도하고 있다고 새가족에게 말하고 언제든지 다른 기도제목도 보내라고 하면 다들 좋아합니다. 자신을 위해 기도한다는데 싫어하는 새가족을 단 한 사람도 보지 못했습니다.

이렇게 평소에 좋은 관계를 유지하고 기도하며 잘 섬겼으면 토요일은 주일을 위해 너무 무리하지 않고 가볍게 연락할 수 있습니다.

예를 들어, 아직 예수님을 믿지 않는 새가족이 토요일 밤 친구들과 술 약속이 있다고 합시다. 그러면 건강 생각해서 적당히 마시라고 웃으면서 말해 줍니다. 처음부터 마시면 안 된다고 강하게 밀어붙이지 마십시오. 나중에 예수님을 제대로 만나면 술을 자연스럽게 멀리하고 끊게 되는 사례를 숱하게 봤습니다. 그러니 새가족에 맞게 속도와 페이스를 맞춰 주는 것도 지혜입니다. 그렇다고 너무 아무렇지 않게 반응하지는 말고 2차, 3차까지 너무 달리다가 내일 피곤해서 교회 못 나오면 안 된다고 꼭 말해 주면 됩니다.

주일에 교회 오면 어제 술을 적당히 마시고 이렇게 교회 와 주어서 고맙다고 꼭 말해 줍니다. 그 말에 쑥스러운 듯이 웃던 새가족들의 모습이 눈에 아른거립니다. 그럴 때 스스로 앞으로는 술을 자제하겠다고 먼저 약속하는 분들이 많습니다. 그런 말을 들으면 얼마나 감사하고 기쁜지 모릅니다.

저는 새가족 팀장으로서 토요일에는 주일에 누가 오고 못 오는지를 각 팀 리더를 통해 전달받습니다. 못 오는 이유도 전달받습니다. 그러면 저는 미리 주일 상황을 파악할 수 있습니다. 우리 새가족팀 리더들이 새가족들을 얼마나 잘 챙기는지 모릅니다. 저 또한 새가족과 리더들을 위해 기도하고 주일을 준비합니다.

마지막 핵심은 주일입니다. 주일은 주님께 예배드리는 은혜의 날입니다. 주님이 주신 기쁨의 날이요 축제의 날입니다. 새가족이 이 기쁨과 축제의 예배를 잘 드리도록 돕는 것이 새가족 팀원이 가장 먼저 할 일입니다.

혼자 교회 오기 힘들어하면 마중도 가주고, 혼자 예배당에서 예배드리기 어려워하면 옆에 앉아서 같이 예배도 드립니다. 설교 중에 모르는 것이 있으면 예배 끝나고 쉽고 친절하게 알려 줍니다. 어쨌든 새가족이 예배의 시작 찬양부터 마지막 축도의 순간까지 온전히 예배에 집중하도록 돕는 것입니다. 새가족 팀원이 영과 진리로 예배를 드리는 모습을 보이면 새가족도 따라 온맘을 다해 집중하여 예배드리는 것을 볼 수 있습니다. 우리는 모두 예배에 목숨을 걸어야 합니다. 예배를 통해 성령님의 능력과 은혜와 위로가 임하게 됩니다.

저는 새가족에게 기도는 별로 어려운 것이 아니라고 꼭 설명해 줍니다. 기도는 마음속 도화지에 본인과 가족과 친구들이 가장 잘된 모습을 그림으로 그린 다음 그 그림을 한 부분씩 말로 푸는 것이라고 알려 줍니다. 기도는 전능한 하나님의 능력의 손을 빌려 오는 적극적인 행동인 것을 알려 줍니다. 기도하면 하나님이 가장 선한 방법으로 역사하신다는 것을 꼭 알려 줍니다. 받은 기도제목으로 같이 기도하고 한 주 동안 주님 안에서 행복하고 감사하고 성령충만하게 살도록 기도해 줍니다.

이렇게 새가족 팀원과 새가족은 일주일 내내 연결되어야 합니다. 주중과 토요일과 주일이 분리되어서는 안 됩니다. 이럴 때 새가족은 마음의 문을 활짝 엽니다.

새가족은 천국의 VIP

한 번씩 새가족을 위한 이벤트를 열면 좋습니다. 예를 들어 교회 입구에서부터 계단까지 레드카펫을 깝니다. 새가족은 하나님의 귀한 자녀들임을 알려 주는 것입니다. 새가족은 전도한 친구 혹은 새가족 팀원과 함께 손을 잡고 레드카펫을 오릅니다. 지나갈 때 비눗방울도 날려 줍니다. 중간에 포토타임을 갖기도 합니다. 폴라로이드 카메라로 두 장을 찍어서 한 장은 새가족에게, 한 장은 전도한 친구나 새가족 팀원에게 줍니다.

새가족이 기쁘면 은혜받을 준비가 충분히 된 것입니다. 주중에 아무리 우울했어도, 슬픈 일이 있었어도 교회에 오면 이렇게 기쁨과 감사와 행복이 넘쳐난다고 느끼면 교회에 무조건 나와서 하나님을 만나고 싶어 합니다. 저는 세상만 기쁘고 교회는 재미없는 곳이라는 틀을 과감하게 깨고 싶었습니다. 새가족 팀원들은 새가족을 위해서라면 뭐든 할 준비가 되어 있어야 합니다.

새가족 중에 종종 시간이 없다는 말을 하는 사람이 있습니다. 그럼 저는 항상 먼저 언제까지 시간이 괜찮은지 물어봅니다. 그럼 "5분만이요" "10분만이요" 합니다. 그러면 그만큼만 붙잡아야 합니다. 5분 후, 10분 후에는 쿨하게 보내 주어야 합니다. 그래야 그 짧은 시간 동안 새가족이 집중할 수 있습니다. 바쁜데 오래 잡아 두면 길다고, 도중에 화장실 간다고 하면서 도망갑니다. 다음 주부터는 절대 안 나올 수도 있습니다.

새가족을 담당하는 사람들은 짧은 시간에 이것저것 많은 걸 알려 주려고 말을 많이 하는 경우가 많습니다. 그런데 반대로 새가족의 이야기를 충분히 들어야 합니다. 궁금한 게 무엇인지 물어보고 거기에 답해 주면 됩니다.

한번은 이런 일이 있었습니다. 항상 금방 가야 한다고, 5-10분 밖에 시간이 없다고 서두르는 새가족이 있었습니다. 그래서 저는 그가 무슨 말이든지 하면 그 시간 동안 들어 주고 짧게 기도하고 얼른 보내 드리려고 했습니다. 그런데 그분이 10분을 넘어 30분, 1시간을 이야기하는 것입니다. 제가 그분 이야기를 집중해서 잘 듣고 있으니 금방 가야 하는 일을 잊고 본인 이야기를 실컷 했습니다. 이렇듯 새가족을 배려하고, 이야기를 들어 주면 감동을 받아 잘 정착할 수 있습니다.

> **내 사랑하는 형제들아 너희가 알지니 사람마다 듣기는 속히 하고 말하기는 더디 하며 성내기도 더디 하라** 약 1:19

새가족과 있을 때 이 말씀을 명심하고 마음에 새기길 바랍니다.

은혜는 내 노력과 상관없이 하나님이 주시는 것

교회를 다닌 지 어느 정도 된 대진이라는 동생이 있습니다. 기도도 꽤 하고 말씀도 꽤 듣던 친구입니다. 그는 저와 만날 때마다 하나님이 살아 계신지 모르겠다고 했습니다. 하나님을 만나기 위해 진짜 노력 많이 하고 있는데 느껴지지 않는다고 한숨을 내쉬었습니다. 그럴 때마다 예수님이 십자가에서 흘리신 보혈의 능력으로 동생이 살아 계신 하나님을 꼭 만나게 해달라고 지인들과 합심하여 기도했습니다.

그러던 어느 날 "저는 이제 교회 안 나오려구요. 하나님 한번 만나 보려고 노력할 만큼 했는데 못 만났어요. 하나님 없는 것 같아요. 더는 못할 것 같아요. 배터리를 어디서 찾아야 할지 모르겠어요"라고 하는 겁니다. 그때 성령님이 제게 이런 마음을 주셨습니다.

"대진아, 그동안 수고 많았어. 네가 그동안 하나님 만나려고 노력했는데 아직 하나님을 못 만나서 네 배터리가 방전된 것 같아. 하나님의 사랑으로 네 배터리가 충전되어야 하는데 그게 방전돼 버린 거잖아. 이런 생각을 성령님이 주셨어. 그 배터리는 대진이 네가 채우는 게 아니라고. 그동안 대진이는 스스로 그 배터리를 채우려고 노력해 온 것 같아. 그런데 채움은 받는 거지 스스로 하는 게 아니라는 생각이 들었어. 은혜도 받는 거지 스스로 만들 수 없잖아. 이제는 그냥 가만히 있으면서 힘을 뺐으면 좋겠어. 아무것도 안 하고 말이야. 대신에 배터리가 전기 코드에 잘 꽂혀 있으면 저절로 채워지는 것처럼 교회에 붙어만 있어. 교회 와서도 이것저것 하려고 하지 말고 저절로 채워지도록 맡기렴. 하나님이 어떻게 일하시는지 지켜보자."

그 말을 듣던 동생의 얼굴에 웃음꽃이 활짝 피어났습니다. 그렇게 한 달이 조금 지난 뒤에 동생에게 정말 반가운 전화가 왔습니다.

"저 하나님 만났어요. 살아 계신 하나님 진짜 만났어요. 이렇게 좋은 줄 그때는 몰랐는데 하나님 만나고 나니 진짜 황홀해요. 그때 힘 빼고 아무것도 하지 말고 교회에 붙어만 있으라고 하셨을 때부터 그렇게 했는데 하나님 진짜 만났어요. 너무 감사드려요. 지금은 방언도 받아서 굉장히 기쁜 마음으로 교회를 나갑니다."

동생의 이 말에 저는 '아멘 할렐루야'를 큰 소리로 외치며 화답해 주었습니다. 지금 그 동생은 더더욱 믿음이 자라서 예수님 잘 믿으며 행복하게 신앙생활 하고 있습니다.

저도 이 일로 큰 깨달음을 얻었습니다. 혹시 주위에 너무 지친 새가족이 있으면 이렇게 해라, 저렇게 해라 하는 말보다 아무것도 하지 말고 힘 빼고 교회에 붙어만 있자고 말해 주면 어떨까요? 그리고 같이 기도해 주십시오. 그러면 언젠가 이 놀라운 말씀의 고백이 그의 입을 통해 나올 것입니다.

이르시기를 너희는 가만히 있어 내가 하나님 됨을 알지어다 내가 뭇 나라 중에서 높임을 받으리라 내가 세계 중에서 높임을 받으리라 하시도다 시 46:10

예수님이 가장 기뻐하시는 일은 '영혼 구원'입니다

이홍만 · 이은혜 남매

하나님은 복음을 전하며 살기로 결단한 저에게 유튜브 '행복한 전도의 삶 TV'를 알게 하셨습니다. 지혜롭게 전도하는 방법들을 알려 주는 이 채널에서 한 영상이 올라왔습니다.

"서울 어린이대공원에서 함께 축구하실 분을 모집합니다. 전도 대상자와 함께 오시면 더 좋아요."

축구를 좋아하는 영혼을 전도하기 위해 최병호 선생님에게 메일을 보냈습니다. 제 멘토가 되어 달라고요. 그렇게 저와 최병호 선생님과의 첫 만남이 시작되었습니다. 저는 최병호 선생님과 '함께'하며 많은 것을 배우고 깨달았습니다. 이 땅만을 바라보던 삶에서 전도하며 하늘나라를 바라보는 삶으로 바뀌었습니다. 나를 위한 삶에서 예수님을 위한 삶으로 바뀌었습니다. 또 최병호 선생님에게는 엄청난 긍정의 힘이 있습니다. "안될 거 같은데?" "이게 될까?" 같은 말을 연신 입 밖으로 내뱉던 제가, 선생님과 '함께'한 뒤로 모든 일에 "할 수 있다!"라고 얘기하는 긍정의 사람으로 바뀌었습니다.

이 자리를 빌어 선생님께 너무 감사드립니다. 덕분에 제가 전도할 수 있게 되었습니다. 덕분에 제 삶이 바뀌었습니다. 덕분에 지금도 계속 예수님을 알아 가고 있습니다. 예수님 사랑합니다. 최병호 선생님 사랑합니다.

전도의 비결은 영혼을 향한 관심이면 충분합니다
강진오 · 이다영 가정

저는 최병호 선생님의 고등학교 후배이고 청년 시절을 같은 교회에서 보냈습니다. 서로의 삶을 지켜본 교회 동생이고 그가 책과 강의에서 소개하는 많은 일들을 직간접적으로 바라본 증인이기도 합니다.

오랜 시간 최병호 선생님을 보면서 저는 그의 기질과 성품, 하나님이 주신 특별한 재능 때문에 이런 일이 가능하다고 생각했습니다. 그와 전혀 다른 부류인 저는 제게 맞는 전도 방법을 찾아야 한다고 여겼습니다. '전도'는 오래 갚지 못한 빚처럼 언제나 속이 불편한 주제였습니다.

한번은 최병호 선생님과 함께 전도하고 돌아오는 길에 속내를 털어놓았습니다. 애둘러 말했지만, '전도 잘하는 사람이 따로 있는 것 아니냐'는 넋두리였습니다. 최병호 선생님은 "전도는 그 사람의 필요를 채워 주는 거야"라고 말했습니다.

최병호 선생님은 먼저 상대방의 '필요'를 파악했습니다. 비결은 대상을 향한 관심이면 충분했습니다. 기질이나 성품, 재능은 그다음이었습니다. 그렇다면 전도는 '내게 맞는 방법'을 찾는 것보다 상대의 필요에 관심을 가지는 것이 우선되어야 합니다.

무엇보다 최병호 선생님의 전도에는 '무례함'이 없습니다. 단순히 전도 대상자를 교회 출석하게 하려고 기분을 맞춰 주는 것이 아닙니다. 상대의 필요를 채워 주는 노력을 통해 절대 필요인 '예수님'을 신뢰하고 받아들일 수 있도록 때를 기다리는 것이었습니다. 이렇게 복음을 복음답게 전하는 것도 영혼에 대한 지속적인 관심을 유지해야 합니다.

저는 전도하기 어려운 성품과 기질을 지녔을지도 모르지만, 전도는 하나님이 기뻐하시는 일이라고 믿습니다. 그래서 그 일이 종종 일어나는 곳과 그 일을 하는 사람들 곁에 저를 던져두는 것으로 '영혼에 대한 관심'의 불을 지켜 내고 싶었습니다. 그런 의미로 전도 연합팀은 매우 적합한 출발점이었습니다.

막내아들의 놀이치료 현장이었던 전도 연합팀 엠티

김○○ · 김○○ 가정

어느 날, 막내아들이 1형당뇨라는 청천벽력 같은 진단을 받았습니다. 개인적인 삶과 주변 사람들에게 보여 주신 하나님의 치유와 기적의 간증이 이미 많이 있었기에 '동일하신 하나님은 못하시는 일이 없으시니 이번에도 역사하시겠지' 하면서도 현대의학으로는 고칠 수 없다는 무서운 병명 앞에 다시 제 마음은 업앤다운을 반복하며 낙심하고 상심하고 있었습니다.

제 아들 소식을 듣고 최병호 선생님이 연락을 주었습니다. 함께 기도하겠다면서 목장 기도모임에도 와서 함께 기도해 주었습니다. 그다음 날엔 새벽에 기도하며 받은 마음도 나눠 주고, 저녁기도 시간에 기도 인도도 해주었습니다.

아이 퇴원 후, 마침 마련돼 있던 전도 연합팀 MT에 처음으로 참석했습니다. 사실은 낯가림이 있어서 가야 하나 갈등이 되었습니다. 그러나 왜 고민했나 싶을 정도로 즐거운 시간이었습니다. 체육대회 마지막 시간에는, 아이를 가운데 의자에 앉히고 다 함께 빙둘러 손을 얹고 기도했습니다. 얼마나 큰 위로가 되던지 하나님의 큰사랑을 느낄 수 있었습니다. '실의에 빠진 사람에게 사랑은 일어설 수 있는 큰 힘을 주는구나'를 다시 한번 느낄 수 있었습니다.

다음날 아침 계곡 물놀이 시간이 있었습니다. 아이는 1형당뇨

인에 대한 지침으로 발을 잘 관리해야만 하는 상황이었습니다. 발은 이미 염증으로 고름이 차 있었고, 병원에서는 잘못하다간 발을 잘라 내야 할 수도 있다고 했습니다. 그러나 초등학교 4학년 아이는 그런 자신의 상황을 알 턱이 없었습니다. 발이 다 나으면 물놀이를 하자고 했지만, 들으려 하지 않는 아이의 고집에 너무 마음이 어려웠습니다. 한편으론 갑자기 1형당뇨 환자가 되어 심란한 상황을 맞이한 아이에게 "앞으로 너는 물놀이 금지다!"라고 말하는 게 너무 잔인하다는 생각도 들었습니다. 기도로 무릎 꿇었습니다.

"하나님, 두렵습니다. 저는 하나님이 모든 것을 고치신다고 믿는다면서도 부끄럽게도 이 발가락 하나 낫는 것도 믿지 못합니다. 그런 제가 어떻게 1형당뇨가 낫는다는 것을 믿을 수 있겠습니까? 하나님이 정말 1형당뇨를 고쳐 주실 거라면 아이의 발을 고쳐 주세요."

하나님께 맡기고 아이가 물에 들어가는 것을 허락했습니다. 그렇게 아이는 세 시간을 계곡에서 놀았습니다. 그런데 계곡물이 베데스다 연못도 아닐 텐데, 놀랍게도 그날 물에서 나온 아이 발에서 염증이 다 빠져 뽀송뽀송하게 나아 있었습니다. 얼마나 신기했는지 모릅니다. 그 사실이 제게 얼마나 큰 힘이 되던지요.

그날, 즐겁게 놀고 마음껏 웃고 행복했는데 예수님은 제 신음에도 응답하셔서 연약한 믿음과 마음에 힘과 용기를 주셨고 믿음을 새롭게 해주셨습니다. 전도 연합팀의 그날 엠티는 제게 '놀이치료'로 기억되고 있습니다.

하나님은 한 영혼의 구원을 가장 기뻐하십니다
김현화 자매

하루는 최병호 선생님에게 연락이 왔습니다. 연합 전도팀 남자 네 명이 단합대회 겸 춘천에 놀러 가기로 했다면서 우리 오빠를 부르면 어떻겠냐고 했습니다. 사실 오빠는 10년 넘게 도박중독에 빠져 항상 우리 가족을 애태우는, 우리 가정에서 유일한 전도 대상이었습니다. 저는 최병호 선생님에게 오빠는 그런 데 갈 사람이 아니라고 했더니 선생님은 말이라도 해 보라고 했습니다.

그런데 그 주에 오빠에게 연락이 왔습니다. 이번에도 도박으로 사고를 치고 제게 당장 돈이 필요하다는 내용의 문자를 한가득 보내 왔습니다. 저는 지난번에 최병호 선생님이 말씀하신 춘천 모임이 생각났습니다. 오빠에게 돈을 빌려주는 대신 최병호 선생님 모임에 다녀오라고 강권했습니다. 회사를 빠지고라도 다녀오라고 했습니다. 오빠는 알겠다고 했습니다.

사실 저는 이 나이까지 도박에서 헤어나지 못하는 오빠가 늘 너무 부끄럽고 창피했습니다. 그래서 사람들에게 오빠 이야기를 한 적이 별로 없습니다. 그런데 오빠를 위해 기도를 부탁하고 싶었습니다. 전도 연합팀에게 진솔하게 오빠 이야기를 털어놓았는데, 정말 많은 분이 진심으로 중보기도 하겠다고 해주었습니다. 따뜻한 사람들 덕분에 감사의 눈물을 흘렸습니다.

여행 당일, 최병호 선생님은 오빠와 찍은 사진을 보내 주었습니다. 너무 밝은 모습이 꼭 하나님의 마음을 들여다보는 것 같았습니다. '하나님은 이렇게 한 영혼의 구원을 가장 기뻐하시는구나'라는 생각이 들었고 너무 눈물이 났습니다. 그리고 이런 귀한 시간을 우리 오빠에게 내어주고 따뜻하게 대해 준 연합 전도팀에게 너무 감사했습니다.

그 이후로 오빠는 교회에 꾸준히 출석하면서 처음으로 하나님을 만나고 알아 가고 있습니다. 물론 오랜 도박 중독이 바로 끊긴 건 아니지만, 저는 이 안에서 반드시 기적이 일어날 것을 믿습니다. 또한 우리 오빠를 시작으로 얼마나 많은 기적이 이 전도 연합팀을 통해 펼쳐질지 너무 기대됩니다.

혼자는 못해도 함께하면 가능합니다
정호영 · 이은정 가정

전도 연합팀은 혼자만의 힘으로 할 수 없는 일들을 성령의 기름부으심으로 해 나갑니다. 상황과 여건에 굴하지 않고 목적에 맞으면 직진입니다. 어떻게든 전도합니다. 너무 멋지고, 하나님 보시기에 예쁜 팀입니다. 하나님이 제게도 아이디어를 주셔서 예쁜 로고도 만들게 하셨고, 중요한 모임마다 포스터와 플래카드를 만들게 해주셨습니다. 이 팀과 하나될 수 있게 해주셔서 감사합니다.

연합 전도팀 사역의 하이라이트는 '불신 부모님 전도잔치'였다고 생각합니다. 처음에는 아주 작은 행사라고 생각했는데, 최병호 선생님의 스케일은 정말 남달랐습니다. 북한강변에 있는 펜션을 통째로 빌렸을 뿐 아니라 그 내용도 정말 알찼습니다. 저도 예수님 믿지 않으시는 어머니를 모셨는데, 혼자서 복음을 전할 때는 없던 영향력이 함께 모여 복음을 전하니 그 힘이 남달랐습니다.

특히 저는 어머니를 위한 감사 편지를 읽으면서 "천국에 가서 저희 어머니를 찾았을 때 안 계시면 천국이 아무런 의미가 없을 것 같다"는 대목에서 펑펑 울고 말았습니다. 현장도 울음바다였고, 취재하러 오신 국민일보 기자님도 다음날 헤드라인으로 제 이야기를 뽑아 주실 정도였습니다. 너무 감사한 것은 어머니가 그 자리에서 함께 죄를 시인하고 영접기도를 했다는 것입니다. 정말 어머니 마음에 심긴 씨앗이 되어 열매 맺을 것을 확신하고, 미래완료형으로 감사 고백합니다.

저는 전도 연합팀 소속으로 함께하게 하신 것 그리고 무엇보다 전도왕 최병호 선생님과 함께할 수 있게 해주신 것이 너무나 감사합니다. 하나님이 저를 얼마나 사랑하시기에 이런 귀한 분들을 붙여 주시나 하는 생각이 계속 듭니다. 우리 개개인은 부족하지만 함께하는 전도 연합팀에 많은 것을 가능케 하시고 필요를 채워 주시는 하나님의 은혜는 정말 엄청납니다.

나는 전하기만 할 뿐, 모든 일은 하나님이 하십니다

김현승 · 이연실 가정

전도 연합팀을 만난 후 너무 많은 도전과 섬김, 그리고 신앙을 위한 교육을 받고 있는 것 같습니다. 특히, 한 영혼의 구원에 대한 마음이 뜨거워지기 시작했습니다. 저는 믿지 않는 사람들에게 절대로 교회의 '교'자도, 예수의 '예'자도 말하지 못하는 교인이었습니다. 그런데 한 영혼을 위해 울산에서 일산으로, 또 천안에서 대전, 서울로 말도 안 되는 거리를 오가며, 복음을 전하는 최병호 선생님을 보며 큰 은혜를 받았습니다. 사실 저에게는 너무나도 큰 충격이었습니다. 어떻게 저렇게까지 할 수 있을까 싶었습니다. 아마도 그때부터 복음에 대해 다시 묵상하며, 제 기도의 방향이 달라지기 시작한 것 같습니다.

저에게는 아홉 살 딸이 있습니다. 너무 감사하게도 어린이집을 다닐 때, 인생 선생님을 만났다고 해도 과언이 아닐 정도로 좋은 선생님을 만나 큰 사랑을 받았습니다. 그분과는 지금까지도 서로 소통하며 지내고 있습니다. 그러다가 지난 5월 어린이집 선생님과 식사하면서 서로의 근황에 대해 얘기했습니다. 저는 전도 연합팀 모임과 최병호 선생님의 신앙 이야기 등을 전하게 되었습니다. 어디 가서 교회의 '교'자도 말하지 않던 저였기에, 그런 얘기를 나누고 있는 제 자신에게 너무 놀랐고, 말을 하면서도 무척 조심스러웠습니다. 그런데 제 걱정과는 달리 선생님은 너무 즐겁게 제 이야기를 들어 주었고, 더 깊은 신앙 이야기도 나누게 되었습니다. 집으로 돌아온 후 오늘의 상황이 너무 놀라워서 한참을 멍한 상태로 있었던 것 같습니다.

그러고 나서 알게 되었습니다! 나는 전하기만 할 뿐, 모든 일은 하나님이 하신다는 것을 말입니다. 최병호 선생님이 딸아이의 수학 공부를 봐 주겠다며 군산에서 왔습니다. 그때 제가 어린이집 선생님 이야기를 했는데, 최병호 선생님이 어디론가 전화를 걸었습니다. 어린이집 선생님이 살고 있는 곳 근처에 갈 만한 교회를 찾는 것이었습니다. 너무 놀랍게도 지인 목사님의 동기 한 분이 그 지역 교회에서 목회를 하고 계시다는 연락을 받고는, 제게 어린이집 선생님께 연락을 드리라고 했습니다.

사실 선생님께 말씀드린 신앙 이야기도 제가 살면서 처음으로 나누고 전했던 터라 선생님께 또 연락할 자신이 없었지만, 전도의 전문가이신 최병호 선생님의 담대함을 믿고 소개받은 교회를 알려주었습니다. 제 걱정과는 달리 선생님이 너무 좋아하면서, 이번 주에는 갑자기 출근하게 되서 못 가지만 다음 주에 가 보겠다고 했습니다. 전 여기까지 전한 것도 충분히 제 역할을 했다는 생각이 들었습니다.

다음날 최병호 선생님이 또 연락을 주었습니다. 선생님이 교회 가겠다고 말은 했지만, 안 갈 수도 있으니 목사님에게 선생님 연락처를 드려서 통화를 먼저 하는 게 좋을 것 같다고 했습니다. 어린이집 선생님에게 연락처를 드려도 되는지 물어보고, 토요일 기독교박물관 견학도 같이 가자고 얘기해 보라고 했습니다.

사실 제 생각으론 너무 부담을 드리는 게 아닌가 걱정되었습니다. 더 이상 연락을 드리면 이제껏 맺은 관계도 불편해질 것만 같았습니다. 이런저런 걱정을 하고 있을 때 "기도하면 성령님이 행하신다"는 최병호 선생님의 말이 떠올랐습니다. 다시 한번 더 담대함을 가지고 연락을 드렸더니, 선생님은 제가 얘기하는 모든 것들을 다 좋아해 주었고, 받아주었습니다. 목사님과도 미리 통화하길 원했고, 복음에 대한 갈급함이 있는 듯했습니다. 이미 마음을 열어준 것이었습니다. 너무나 감사하며 모든 것이 하나님의 은혜였음을 고백합니다.

어린이집 선생님은 저와 함께 전도 연합팀 가족이 되었습니다. 선생님의 어머니가 결혼 전에는 교회를 다니셨는데, 결혼 후 교회를 나가지 못하고 계시다면서, 주일 아침 어머니를 모시고 교회도 다녀왔다고 했습니다. 또 선생님의 권유로 남자친구도 함께 저희 교회 기도회와 성경공부 모임에 오게 되었습니다.

저희 부모님이 밤농사를 하고 계시는데, 전도 연합팀에서 밤 줍는 일을 도와준 일도 있습니다. 전도 연합팀이 믿지 않는 저희 아버지를 위해 뜨겁게 기도해 주었는데, 최병호 선생님의 "아버님을 위해 기도해 드려도 될까요?"라는 물음에 세상 친절하고, 부드러운 음성으로 "네에"라고 대답하신 저희 아버지의 음성을 잊을 수가 없습니다. 평소 불같은 성격의 아버지였기 때문에 더 놀라운 일이었습니다.

용기가 없던 저에게 최병호 선생님을 통해 복음을 전하는 담대함을 심어 주신 하나님께 너무 감사합니다. 늘 주저앉으려 할 때마다 최병호 선생님은 "정말 잘하고 있다!"고 힘을 북돋아 줍니다. "복음은 예수님을 자랑하고, 소개하고, 전하고, 교회 모시고 가는 건데, 담대함과 지혜와 사랑으로 하자"고 말하는 최병호 선생님의 목소리가 귓가에 선합니다. 선생님의 이 말씀이 제 마음 밭에 씨앗으로 뿌려져서 얼마나 감사한지 모르겠습니다. 그 씨앗이 아름다운 과정을 통해 싹을 틔우고, 열매를 맺으리라 믿습니다. 그 일을 행하실 하나님의 놀라운 계획이 너무나 기대가 됩니다.

하나님의 마음을 시원케 하는 자 되길 소망합니다

김신의 형제

병호와의 만남은 하나님의 은혜이며 완벽한 타이밍이었습니다. 서로에게 필요한 존재이며 협력하여 선을 이루라는 하나님의 명령이었습니다. 홍콩 호텔에서 룸메이트가 된 첫날 성령님의 인도하심으로 전 제 안에 있던 모든 얘기를 병호에게 꺼내게 됐고, 함께 기도했습니다. 하나님의 위로와 격려하심을 느끼는 밤이었습니다.

함께 집회를 다니며 서로의 장점으로 연합하여 복음을 전하고 있습니다. 제 찬양에 병호가 은혜를 받고, 전 병호의 간증에 은혜를 받습니다. 병호를 통해 전도의 열정과 사랑 그리고 겸손을 배웁니다.

지금은 사는 곳이 서로 멀지만, 병호 말처럼 천국에서 옆집에 살기로 약속했습니다. 병호 옆집에 살려면 제가 지금보다 전도를 더 많이 해야겠네요. 지금 함께하는 전도 연합팀이 앞으로 하나님의 영광을 위해 귀하게 쓰임 받을 것을 믿습니다. 저 역시 병호와 함께 복음 전하는 삶을 살아갈 것이며, 하나님의 마음을 시원케 해 드리는 자 되길 소망합니다.

열혈 연합 전도왕

부모님 댁 원불교 상징 액자를 떼어 버렸습니다

김동범 · 김지애 가정

전도 연합팀과 함께한 후 가장 먼저 부모님과 효도잔치에 참석했습니다. 다른 분들은 부모님을 모시고 오는 것부터가 난관이었는데, 다행히 우리는 효도잔치 장소가 부모님 댁 바로 앞인 데다가, 어머니가 평소 일하시던 곳이어서 어렵지 않았습니다.

우리 집은 대대로 원불교를 믿었습니다. 아버지에게 원불교는 종교이자 부모에 대한 예의였습니다. 이런 부모님을 전도하는 건 쉽지 않았습니다. 그리고 저는 다정하지 못한 아들이었습니다. 그러다 보니 천국과 지옥, 하나님의 살아 계심을 말하기보다 그저 교회에 나가라는 말만 되풀이할 뿐이었습니다.

하지만 효도잔치를 통해 부모님에게 천국과 지옥이 있고 유일한 신은 하나님뿐이라는 진리를 알려드릴 수 있었습니다. 세족식과 편지 낭독 시간을 통해 아들과 함께 천국에 가자고 진심을 담아 복음을 전할 수 있었습니다.

효도잔치를 마치고 집에 도착했을 때 놀라운 일이 일어났습니다. 언제나 거실 벽에 걸려 있던 원불교를 상징하는 큰 액자가 갑자기 너무나 눈에 거슬렸습니다. 그래서 "이제 이건 그만 버려요!"라고 말하며 액자를 치웠습니다. 그런데 아무도 뭐라 말하지 않았습니다! 그 액자는 아버지께는 할머니의 유품이었고, 약속이었습니다. 그런데도 아버지는 그저 바라보기만 하실 뿐 반대하지 않으셨습니다. 정말 그건 주님께서 하신 것이었습니다!

아직 부모님은 하나님을 믿지는 않으십니다. 하지만 주님은 결국 부모님을 주의 자녀로 부르실 것이며 천국으로 인도하실 것을 믿습니다. 전도 연합팀을 통해 주님의 놀라운 역사를 봅니다. 전도 연합팀이 앞으로 어떻게 쓰임 받을지는 모르겠지만, 모든 시간 주께서 기쁨으로 함께하실 것이 확실합니다. 너무도 부족한 제가 그 일들을 함께할 수 있다는 것이 너무 기쁘고 감사합니다.

엄마 마음에 복음의 씨앗이 심겼음을 믿습니다

신○○ · 홍○○ 가정

저는 가족 구원에 대해 마음의 큰 짐을 늘 지니고 있습니다. 가족 전도는 제게 너무 감당하기 벅찬 어려운 일이었습니다. 물론 하나님이 이루어 나가실 것을 믿었지만 마음 한편에 늘 큰 부담이 있었습니다.

이런 마음의 어려움을 모임에서 최병호 선생님에게 토로하였는데 선생님은 부모님들을 모시고 효도와 전도를 결합한 '효도 & 전도축제'를 하면 좋겠다고 너무 좋은 아이디어를 주었습니다. 2024년 5월에 '부모님 효도 & 전도축제'가 열렸습니다.

문제는 부모님을 모시고 남양주 행사장으로 가는 것이었습니다. 믿음 좋으신 시어머님은 흔쾌히 승낙하실 텐데, 우리 부모님은 상황이 달랐습니다. 제가 할 수 있는 부분이 거의 없기에 계속 기도 했습니다. 나름의 최선을 다하여 초대장도 정성스럽게 만들어 보내드렸습니다. 그런데 돌아온 대답은 먼 길 이동하기 힘들고 주말 만큼은 쉬고 싶다는 것이었습니다. 그동안의 노력을 물거품으로 만드는 거절의 답을 듣고 눈앞이 캄캄해졌습니다. 절망한 저에게 남편이 이 모든 것이 하나님 뜻 안에 있을 것이라고, 하나님께 기도하고 전부 맡기자고 해주었습니다. 저는 간절하게 기도했습니다.

"하나님, 부모님 꼭 모시고 축제에 참석하게 해주세요. 하지만 함께 안 가시더라도 하나님 뜻으로 알겠습니다. 이 모든 것 다 하나님의 계획과 뜻 안에 있으리라 믿습니다."

행사 당일 아침이 되었습니다. 아침 일찍부터 엄마에게서 전화가 왔습니다. 컨디션이 좋으니 축제에 함께 가자고 했습니다. 엄마만이라도 모시고 축제에 참여할 수 있음에 너무 감격스러웠습니다. 이 모든 것이 하나님 뜻 안에 있었음을 느꼈기에 더욱 기뻤습니다.

기쁜 마음으로 엄마를 모시고 남양주 행사장으로 갔습니다. 점심을 먹고 공연을 보고 자녀들의 편지 낭독과 선물 증정까지 다 마친 후, 가장 중요한 전도의 시간을 맞이했습니다. 최병호 선생님의 간증과 강의를 들으면서 역시나 엄마는 꽤 불편해했습니다. 옆에서 보는 제가 더 좌불안석이 되었습니다. 급기야 엄마가 자리에서 일어나서 배회하시는 모습을 보고 저는 지금이 아니면 안 된다는 생각으로 엄마를 옆에 모시고 마치 제가 보초병의 모습으로 엄마를 지키고 서서 결국 강의를 다 듣게 하였습니다. 강의를 다 들은 후 시간이 늦어져 우리는 엄마와 함께 허겁지겁 집으로 향하였습니다.

며칠 후, 그날 엄마의 모습이 걱정되어 전화를 드렸습니다. 아니나 다를까, 전화기 너머로 엄마의 화난 목소리가 들렸습니다. 평소 화를 내지 않는 분인데, 그 마음이 꽤 힘드셨나 봅니다. 저는 순간 너무 당황했지만, 믿지 않던 영혼이 진리의 말씀을 듣고 말씀의 검으로 공격을 당했으니 당연한 반응이라고 생각하려고 애썼습니다. 그럼에도 인간적인 마음이 올라왔습니다. 힘이 빠지고 속이 많이 상하였습니다. 부모님의 구원을 위해 앞으로 가야 할 길이 너무 멀어 보였습니다.

그렇지만 그 후로 하나님은 낙심한 제게 위로와 용기를 불어 넣어 주셨습니다. 이 모든 것은 내가 한다고, 너는 걱정 말고 기도하라고 해주셨습니다. 다음 날 주일예배에서도 하나님의 위대함을 상기시키는 찬양을 하게 하셨습니다. 설교 말씀에서는 시간이 걸리더라도 실망하지 말고 가족 구원을 위해 계속 기도하라고 하셨고, 그날 저녁에 들은 극동방송 설교에서도 전도를 하는 이에게 축복이 있을 거라고 다시 한번 말씀으로 위로해 주셨습니다. 이 모든 것이 하나님의 위로 같아 참 은혜롭고 감사하였습니다.

저는 알 수 있었습니다. 효도 & 전도축제에 우리 엄마를 부르신 분은 하나님이십니다. 조금 언짢아하긴 하셨지만, 복음과 함께 분명히 겨자씨만한 믿음의 씨앗이 우리 엄마 마음속에 심겨졌음을 저는 확신합니다. 앞으로 계속 그 믿음의 씨앗이 자랄 것이고 때가 되면 강의에서 들었던 진리의 말씀이 떠오르고 믿음이 더욱 자라나 결국 구원에 이르게 되기를 저는 믿어 의심치 않습니다.

긍정 에너지와 복음을 전하는 사람이 되겠습니다
이수원 · 김선임 가족

저는 불교 집안에서 태어나 고요한 절에서 휴식을 취하는 것이 익숙했습니다. 그렇게 자아 중심적인 삶을 살다가 27세에 하나님을 인격적으로 만나면서 제 인생이 완전히 바뀌는 경험을 했습니다. 하지만 시간이 흐르면서 하나님과의 첫사랑은 점차 희미해졌고, 의례적인 신앙생활을 하게 되었습니다. 그러던 중 교회를 옮기게 되었고, 그곳에서 전도집회 강사로 오신 최병호 선생님을 만났습니다.

최병호 선생님과의 전도 연합 모임을 통해, 형식적이었던 제 신앙생활에 다시 한번 예수님과의 첫사랑을 회복하는 계기가 마련되었습니다. 서로 믿음의 공동체 안에서 전도하는 모습을 자주 접하게 되니, 이 모든 만남이 하나님이 예비하신 게 아닌가 하는 생각에 감사하게 되었습니다.

이제 시작 단계인 우리 모임이 합심하여 선을 이루면, 앞으로 얼마나 많은 기적을 경험하게 될지 기대됩니다. 한 영혼도 소중히 여기며 모든 열정과 시간을 쏟으시는 최병호 선생님을 보며, "저런 에너지는 대체 어디서 나오는지, 정말 특별한 분이다"라며 주변 사람들에게 존경의 마음을 전하곤 합니다.

지혜 있는 자는 궁창의 빛과 같이 빛날 것이요 많은 사람을 옳은 데로 돌아오게 한 자는 별과 같이 영원토록 빛나리라 단 12:3

이 말씀을 들으면 늘 최병호 선생님이 떠오릅니다. 이제 저도 누군가에게 이런 긍정의 에너지와 기운을 전달하며 예수님의 사랑을 나눌 수 있는 사람이 되고자 노력해야겠습니다.

항상 선생님과 같은 사람이 되고 싶었습니다
석연우 제자

저는 2020년 고등학교 1학년 때 최병호 선생님을 처음 만났습

열혈 연합 전도왕

니다. 선생님은 학생들 한 명 한 명을 사랑으로 대해 주었습니다. 그 사랑이 직접적으로 느껴질 정도였습니다. 또 학교생활 가운데 힘들어하는 학생들을 상담해 주며 위로와 일어날 용기도 심어 주었습니다.

선생님은 매일 진실한 기도로 뒤에서 밀어주었습니다. 저는 선생님을 만나면서 정말 싫어했던 과목인 수학에 조금씩 흥미를 갖게 되었습니다. 선생님은 수업하실 때 종종 간식을 사 주고 같이 얘기도 나누고 게임도 해주었습니다. 그 이후 시간에는 집중해서 공부하도록 지도하셨습니다. 같이 공부했던 친구들과 친교 시간을 가졌던 것이 지금도 또렷이 기억납니다. 그만큼 행복했던 시간이었습니다.

지금까지 선생님 곁에 있으면서 항상 선생님과 같은 사람이 되고 싶다고 생각했습니다. 한 영혼을 살리기 위해 모든 것을 아끼지 않고 내어주시는 선생님을 거듭 경험하고 곁에서 보면서 감동을 받았고, 저는 언제쯤 선생님과 같은 마음을 가질 수 있을까 생각했습니다. 최병호 선생님은 저에게 하나님이 만나게 해주신 특별한 만남의 축복이라고 생각합니다. 겉으로 표현은 잘 못하지만 선생님을 정말 존경하고 사랑합니다.

선포하고 믿고 맡기면 모두 하나님이 하십니다

나현정 자매

최병호 선생님과는 2023년 6월 국민일보에서 주관했던 미션 어워드 여행에서 처음 만났습니다. 다시 볼 일이 있을까 싶었는데, 우연히 최병호 선생님과 가수 김신의 집사님과 함께 전도 사역에 동참하게 되었습니다. 여행 마지막 날 참가자 중 유일하게 믿음이 없었던 분을 함께 전도하게 되었던 것입니다.

여행에 다녀 온 후 바로 다음 주, 우리는 여의도침례교회 수요 예배에 그 전도 대상자를 초대하여 함께 예배도 드리고 교제도 나누었습니다. 그때부터 우리는 말도 안 되게 환경의 문을 열어 주시는 성령의 역사하심을 체험했습니다.

전도 연합팀 안에서 동역하면서 역시나 하나님은 관계를 통해 합력하여 선을 이루신다는 것을 느꼈습니다. 연탄 봉사를 하러 홀로 사시는 할아버지 댁에 찾아뵈었을 때, 종교가 불교라는 할아버지 말씀에 저는 '과연 전도가 될까'라는 생각을 먼저 했습니다. 그런데 할아버지는 영접기도를 했고, 집에 있는 염주와 모든 불교 관련 물건을 버렸습니다. 이 모든 일을 하나님이 하셨음을 확신할 수 있었습니다. 역시 하나님에게는 불가능이 없는데 제 생각으로 서둘러 판단했다는 사실을 깨달았습니다.

최병호 선생님은 안 될 것 같다는 제 생각과 달리 무조건 선포하고 믿고 하나님께 맡깁니다. 그런 최병호 선생님을 보고 많이 깨닫습니다. 저도 스스로 하려는 생각을 내려놓는 연습을 하게 됩니다. 또 최병호 선생님은 무엇을 하든지 1순위가 전도입니다. 그래서 몸이 피곤할지라도 복음을 위해서라면 몇 시간 차를 운전해 달려갑니다. 저런 체력이 어디서 나는 걸까 생각했는데, 그것 역시 하나님이 채워 주신다는 걸 알았습니다.

그런 최병호 선생님과 전도 연합팀에서 함께하다 보니 저 또한 선포하고 믿고 주님께 맡기면 나머지는 다 하나님이 하신다는 것을 깨닫게 되었습니다. 우리는 그저 하나님이 사용하시는 도구일 뿐입니다. 저처럼 부족하고 연약한 사람도 하나님이 전도 연합팀의 일원으로 일하게 하시니 감사할 따름입니다.

설교 예화로 나올 법한 일이 내 옆에서 일어나고 있습니다
김은숙 자매

저는 전도 연합팀의 시작부터 하나님이 이루신 일들을 전해 듣기만 했습니다. 처음엔 그냥 신기하기만 했습니다. 2년 전부터 전도 관련한 이야기들을 들었고 1년 전에 최병호 선생님을 직접 만났습니다.

모든 것이 하나님의 놀라우신 타이밍에 맞추어 인생이 설계

되고 있다는 걸 느꼈습니다. 어느 한 사건도 미리 계획되지 않은 것이 없었습니다. 제가 1년 전 최병호 선생님을 만났던 것도, 그 전에 1년 동안 소식을 들었던 것도 하나님의 계획하심 아래 있었습니다. 최병호 선생님이 하나님을 위해 하는 일, 믿음으로 선포하는 말은 다 그대로 되었습니다.

생각해 보면 불교 학생회장이 하나님을 만나게 된 게 고등학생 때인데, 28년이 지나도록 그 열정이 그대로 남아 있다는 것 자체가 신기한 일입니다. 제가 보기엔 지금도 하나님이 가장 기뻐하시는 전도를 위한 사명으로 전도 연합팀과 함께 에너지를 불사르고 있습니다. 신앙은 당연히 사인 코사인 그래프처럼 좋을 때, 안 좋을 때가 있다고 생각했는데 최병호 선생님과 전도 연합팀 사역은 달라 보였습니다.

설교에 예화로 나올 법한 전도 이야기가 바로 근처에서 일어납니다. 실제로 최병호 선생님이 전도를 도와줘서 가족이 전도가 되는 일들이 전도 연합팀에서 일어났습니다.

'이게 가능하다고? 진짜?'

답은 '가능하다!'였습니다. 물론 최병호 선생님과 전도 연합팀은 도구일 뿐 모든 일은 하나님이 하셨습니다.

마르지 않는 샘물처럼 능력과 지혜를 주시고 실행시키시는 하나님! 제가 그 안에서 하나님의 일하심을 볼 수 있다는 것에 너무나 감사합니다. 전도 연합팀의 빛이 사람 앞에 비치게 하여 그

착한 행실로 하늘에 계신 아버지께 영광을 돌릴 수 있기를 기도합니다.

> 이같이 너희 빛이 사람 앞에 비치게 하여 그들로 너희 착한 행실을 보고 하늘에 계신 너희 아버지께 영광을 돌리게 하라 마 5:16

움직이지 않으면 숨이 멈추는 참치처럼
세상이라는 바닷속에서 치열하게 살아가면서
오직 전도에 힘쓰는 우리가 되기를 기도합니다.